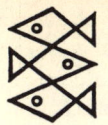

W0052108

Türkische Märchen Auf dem uralten Boden Kleinasiens ist die mündliche Märchenüberlieferung auch heute noch lebendig. Hier vermischten sich altanatolische Vorstellungen mit zentralasiatischen Mythen, indischem, persischem und arabischem Erzählgut. Viele orientalische Märchenstoffe sind durch die Türken nach Europa weitervermittelt worden. In den phantastischen Märchen verliebt sich ein Feenwesen in einen Prinzen oder eine Prinzessin in ein Feenwesen – und nun heißt es, im Kampf mit den Riesenungeheuern gefährliche Abenteuer zu bestehen, Mut und Ausdauer nicht zu verlieren, damit es zum guten Ende kommt. Denn gut, vor allem aber gerecht, muß das Ende sein, auch in den realistischen Märchen, in denen *Keloglan*, der arme, aber schlaue Kahlkopf, mit den Widrigkeiten des Schicksals zu kämpfen hat. Bei der Schilderung des Bösen hält sich das türkische Märchen nicht lange auf. Das Gute und Heitere wird in den Vordergrund gerückt. Geht es doch schon bei den Nonsens-Geschichten, die als *Eingangsmärchen* dienen, sehr spaßig zu. Und was geschieht, wenn ein Hellseher, der eigentlich keiner ist, den Ring des russischen Zaren wiederfinden soll? Oder wenn ein Floh aufs Dach steigt, um die Schornsteine vom Schnee zu säubern, dabei im Schnee versinkt und stirbt?
Für diese erweiterte Neuausgabe hat die Herausgeberin fünf neue Märchen eingefügt und das Nachwort aktualisiert.

Adelheid Uzunoglu-Ocherbauer, 1942 in Graz geboren, studierte an den Universitäten Graz, Istanbul, Moskau und Wien, promovierte dort zum Doktor der Philosophie in den Fächern Turkologie-Islamwissenschaft und Slawistik; außerdem machte sie ihren Diplom-Dolmetscher für die türkische und russische Sprache. Seit mehr als zehn Jahren lebt sie in der Türkei auf einem kleinen Landgut an der nordägäischen Küste, das sie mit ihrem Mann bewirtschaftet.

Türkische Märchen

Herausgegeben und
übersetzt von
Adelheid Uzunoglu-Ocherbauer

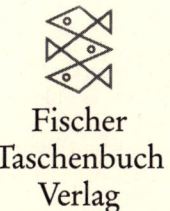

Fischer
Taschenbuch
Verlag

Erweiterte Neuausgabe
Veröffentlicht im Fischer Taschenbuch Verlag GmbH,
Frankfurt am Main, November 1997

© Fischer Taschenbuch Verlag GmbH, Frankfurt am Main 1997
Umschlaggestaltung: Thomas & Thomas Design, Heidesheim
Satz: Fotosatz Otto Gutfreund GmbH, Darmstadt
Druck und Bindung: Clausen & Bosse, Leck
Printed in Germany
ISBN 3-596-13753-5

Dem Gedenken an meine Freundin
Lore Rühmann-Strohmeyer

Inhalt

Das Zitronenmädchen

Es war einmal, es war keinmal. Mehr Menschen gab's als Steine an der Zahl. In alter Zeit, die längst vorbei, das Sieb lag drinnen in der Streu, da die Kamele als Ausrufer umhergingen und die Flöhe mit dem Barbieren anfingen, ließ ich die Wiege meines Vaters knarrend schwingen.
Meine mollige Fliege summte und flog hoch in die Luft hinauf. Ich packte sie und fing ihr Fett in neunundneunzig Pfannen auf. Ihre Haut lud ich auf achtundachtzig Kamele. Von dort zog ich fort nach Istanbul. Klaubte in Tophane die Kanonenkugeln zusammen und steckte sie wie Maiskörner in meine Taschen. Nahm den Galataturm in die Hand, wie ein Rohr. Da kam ich an ein Meer; tat einen Schritt in seine Mitte, als wäre die das Ufer. Und bin doch tatsächlich hineingeplumpst!
Was ich erzähle, ist dem Märchen eigen, wollt ihr euch auch daran freuen, müßt ihr euer Ohr mir leihen, wer nicht zuhört, dem wird's der bucklige Kadi zeigen.
In längst vergangenen Zeiten gab es einen Sultan, der sehr viel Gutes tat. Im Fastenmonat Ramadan verteilte er Speisen unter die Armen, und anläßlich der Bairamfeste schenkte er ihnen neue Kleider. An einem Tag im Jahr ließ er bei dem Brunnen gegenüber seinem Palast aus dem einen Rohr Öl und aus dem anderen Honig fließen, wofür ihn jeder in sein Dankgebet aufnahm.
Es war wieder einer jener Tage, da aus den Rohren Öl und Honig floß, als eine alte Frau zum Brunnen kam. Sie füllte ihren Krug, dessen Schnabel abgesprungen war, voll mit Öl. Der schlimme Sohn des Sultans saß am Fenster des

Palastes und betrachtete die Leute, die sich um den Brunnen drängten. Als sich die alte Frau vom Brunnen entfernte, schoß er einen Pfeil ab – und der Krug lag in Scherben. Das Öl floß am Boden aus.

Der Prinz lachte schallend. Die arme Frau, die nicht wußte, wie ihr geschah, hob den Kopf und rief dem Prinzen zu:

»He, mein Sohn! Was habe ich dir denn getan, daß du deshalb meinen Krug zerbrechen mußtest? Ich erbitte von Gott, daß du dich in das Zitronenmädchen verlieben mögest und sie nicht sehen könntest!«

Nach jenem Tag verfiel der Prinz in Schwermut. Von früh bis spät dachte er darüber nach, was es mit diesem Zitronenmädchen wohl für eine Bewandtnis haben mochte, und die Neugierde quälte ihn so, daß er zu zerplatzen glaubte. Dem Sultan machte der grüblerische Zustand seines Sohnes Sorge, und eines Tages rief er ihn zu sich und fragte nach dem Grund seiner Betrübnis. Der Prinz antwortete, er müsse herausfinden, wer das Zitronenmädchen sei, und wolle deshalb, wenn er die Erlaubnis erhalte, aufbrechen, um nach ihr zu suchen.

Dem Sultan blieb nichts anderes übrig, als sich einverstanden zu erklären. Der Prinz traf alle Vorbereitungen zur Reise, nahm Abschied von seinen Eltern, dem Sultan und der Sultanin, und machte sich auf den Weg.

Er ging und ging, zog immer weiter fort, über Berg und Tal nach dem fernen Ort, war tagelang gewandert. Da begegnete er endlich auf dem Gipfel eines Berges einem alten Mann. Er entbot ihm einen Gruß und küßte ihm die Hand. Erfreut, daß der Jüngling seinem Alter Ehrfurcht bezeigte, indem er ihm die Hand küßte, fragte der Greis:

»Was führt dich, mein Sohn, so ganz allein in diese Gegend?«

Der Prinz erwiderte:

»Es soll ein Zitronenmädchen geben, das möchte ich zu

gerne sehen. Ich habe mich aufgemacht, um nach ihr zu suchen. Aber obwohl ich nun schon so viele Tage unterwegs bin, konnte ich nicht die geringste Spur von ihr finden.«

Lachend unterbrach ihn der Alte:

»Ich weiß, wo sich das Zitronenmädchen aufhält, und will es dir beschreiben: Geh geradeaus fort. Bis hinter den gegenüberliegenden Berg. Dort stößt du auf einen Rosengarten. Die Rosenbäume haben riesengroße Dornen. Mit den Worten ›welch schöne Rosen‹ pflück eine Rose und riech an ihr. Beachte es nicht, wenn deine Hände bluten. Dann gehst du weiter. Du kommst zu einem Bach, dessen Wasser so rot ist wie Blut. Tritt an sein Ufer und trink einen Schluck, dabei sagst du: ›Ach, welch klares Wasser.‹ Setze deinen Weg fort. An einer Biegung wirst du ein Pferd und einen Hund antreffen, die mit einer Kette an einen Baum gebunden sind. Das Fleisch, das vor dem Pferd liegt, wirf dem Hund hin. Das Heu, das vor dem Hund liegt, gib dem Pferd. Geh weiter. Dann wirst du bald vor zwei Toren stehen. Das eine ist geschlossen, das andere offen. Öffne das geschlossene Tor und schließe das offene. Durch das Tor, das aufgeht, trittst du ein. Du wirst einen großen Garten betreten. Das ist der Schloßgarten des *Dev*, des Riesenungeheuers. Im Garten steht unter Tausenden von Obstbäumen auch ein Zitronenbaum. Diesen Baum mußt du herausfinden. An ihm hängen drei Zitronen. Pflück alle drei ab und flieh, ohne dich umzuschauen. Geh denselben Weg zurück, den du gekommen bist. Sobald du diese Zitronen aufschneidest, wird aus jeder ein Mädchen herausspringen. Sie werden sich von dir etwas wünschen. Kannst du diesen Wunsch erfüllen, geht alles gut; kannst du es nicht, müssen sie sterben. Sei vorsichtig. Und nun, mein Sohn, viel Glück auf deinem Weg.«

Der Prinz bedankte sich bei dem alten Mann, doch als er

sich niederbeugte, um ihm die Hand zu küssen, war niemand mehr da. Der Greis war ganz plötzlich verschwunden.

Ohne Zögern setzte der Prinz seinen Weg fort. Schon nach kurzer Zeit befand er sich hinter dem Berg. Ein wenig später hatte er auch den Rosengarten erreicht. Obwohl er sich an den Dornen die Finger blutig riß, pflückte er eine Rose und roch daran mit den Worten: »Welch schöne Rosen.« Er schritt weiter. Stieß auf den Bach mit dem blutroten Wasser. Beugte sich nieder und nahm einen Schluck, wobei er sagte: »Ach, welch klares Wasser.« An einer Wegecke sah er Pferd und Hund, die mit Ketten an einen Baum gebunden waren. Er gab das Heu, das vor dem Hund lag, dem Pferd und warf das Fleisch, das vor dem Pferd lag, dem Hund hin. Kurz darauf kam er zu den beiden Toren. Er schloß das offene Tor, öffnete das geschlossene und betrat den Obstgarten des Dev.

Nach längerem Suchen fand er in dem riesigen Garten den Zitronenbaum. Wirklich hingen drei Zitronen daran. Er pflückte alle drei und machte sich auf den Rückweg. Gerade in dem Augenblick, als er den Garten durch das Tor verlassen wollte, bemerkte der Dev, daß seine Zitronen abgerissen worden waren, und brüllte mit einer Stimme, die Himmel und Erde erzittern machte:

»Türen, haltet ihn fest! Haltet diesen Jungen fest!«

Da fing das offene Tor zu sprechen an und entgegnete dem Dev:

»So viele Jahre hindurch war ich immer geschlossen. Niemand hat danach gefragt, wie ich mich fühle. Dieser Jüngling hat mich aufgemacht, jetzt ist mir wohler. Ich kann ihn nicht zurückhalten. Möge er froh seines Weges ziehen!«

Der Prinz ging durch das Tor.

Nun wandte sich der Dev an das Pferd und den Hund. Er schrie:

»Pferd! Hund! Haltet diesen Jungen! Laßt ihn nicht durch!«

Pferd und Hund antworteten gemeinsam:

»Wir halten ihn nicht. Seit Jahren zwingst du einen von uns, Fleisch, den anderen, Heu zu fressen. Er hat uns davon erlöst, indem er das Fleisch gegen das Heu austauschte. Gott vergelte es ihm. Wir können ihm nichts Böses tun.«

So ging der Prinz auch an Pferd und Hund vorbei.

Jetzt befahl der Dev dem Bach:

»Blutiger Bach! Blutiger Bach! Laß diesen Jungen nicht durch!«

Der Bach begann zu reden. Er sagte:

»Ich kann ihm nichts Böses tun. Du hast mich immer als Blutbach bezeichnet und nie von meinem Wasser getrunken. Er jedoch nahm einen Schluck und sprach: ›Ach, welch klares Wasser.‹ Darüber freute ich mich von ganzem Herzen. Ich lasse ihn durch. Das Glück sei mit ihm.«

Der Prinz durchquerte den Bach und kam in den Rosengarten. Der Dev schrie hinter ihm her:

»Dornige Rosen! Dornige Rosen! Haltet diesen Jungen! Versperrt ihm den Weg!«

Auch die Rosen huben zu sprechen an. Wie aus einem Mund gaben sie dem Dev zur Antwort:

»Du hast dich auch nicht einen Tag herabgelassen, an uns zu riechen. Stets hast du uns als dornige Rosen beschimpft. Dieser Jüngling jedoch achtete nicht auf unsere Dornen. Er kümmerte sich nicht darum, daß seine Finger bluteten. Er pflückte eine von uns und roch daran mit den Worten: ›Welch schöne Rosen.‹ Damit hat er uns eine Freude bereitet. Gott möge auch ihm Freude spenden und bei seinem Vorhaben Gelingen schenken.«

Der Prinz verließ ungehindert den Rosengarten und trat den Rückweg an. Der Dev hatte keine andere Wahl, als hinter dem Jüngling dreinzulaufen. Er eilte durch das Tor,

kam auch an Pferd und Hund vorbei und gelangte zum
Bach. Der aber ließ ihn nicht durch. Sein Wasser schwoll
immer höher und höher und überflutete das ganze Land,
wobei auch der Dev ertrank.
Während der Prinz, der davon keine Kunde hatte, seinen
Weg fortsetzte, kam es ihm in den Sinn, eine der Zitronen
aufzuschneiden. Er ließ sich am Wegrand nieder und zer-
teilte mit dem Messer die Frucht. Kaum war die Zitrone
durchgeschnitten, entstieg ihr ein wunderschönes Mädchen. Sie rief dem Prinzen zu:
»Wasser! Wasser!«
Der Prinz schaute nach allen Seiten. Aber das widrige Ge-
schick wollte es, daß sich weder ein Bach noch ein Brunnen in der Nähe befand. Das arme Mädchen stöhnte:
»Wasser! Wasser!« und starb. Der Prinz wurde darüber
sehr betrübt. Doch war nun nichts mehr zu machen. Er
erhob sich und wanderte düsteren Sinnes weiter. Als er
sich müde fühlte, setzte er sich unter einen Baum, um auszuruhen. Nun schnitt er die zweite Zitrone auf. Auch ihr
entstieg ein Mädchen von blendender Schönheit.
Auch sie flehte den Prinzen an:
»Wasser! Wasser!«
Der Prinz, außer sich vor Aufregung, suchte überall nach
Wasser. Aber in dieser öden Gegend gab es keine Quelle
und keinen Fluß. Ohne etwas dagegen tun zu können,
mußte er mitansehen, wie auch dieses Mädchen stöhnend
und nach Wasser rufend starb.
Darüber wurde er so traurig, daß er sich selbst die bitter-
sten Vorwürfe machte, die zweite Zitrone nicht an einem
Wasser aufgeschnitten zu haben. Tief bekümmert setzte er
seinen Weg fort. Er beschloß, die dritte Zitrone, komme,
was da wolle, nur neben einem Wasser zu zerschneiden.
Er legte ein ziemliches Stück Weges zurück, bis er in die
Nähe einer Stadt kam. Dort sah er einen mit Bäumen be-
standenen Garten, in dessen Mitte sich ein großes Brun-

nenbecken befand. Ringsum war weit und breit kein
Mensch zu sehen. Er trat herzu und setzte sich an den
Rand des Beckens. Mit zitternden Händen nahm er die
dritte Zitrone und schnitt sie auf.
Dieses Mal sprang ein Mädchen heraus, das war noch
schöner als die beiden anderen, so prächtig wie der Mond
am Vierzehnten.
»Wasser! Wasser!« rief sie.
Da packte sie der Prinz und warf sie in das Brunnenbek-
ken. Nun hatte das Zitronenmädchen so viel Wasser, wie
sie nur wollte, trank, bis ihr Durst gestillt war, plätscherte
nach Herzenslust in dem kühlen Naß und stimmte ein
fröhliches Gelächter an. Die Freude des Prinzen kannte
keine Grenzen, denn er hatte das Zitronenmädchen vor
dem Tode errettet. Belustigt sah er ihrem Treiben zu.
Während sie sich in dem Becken wusch, sagte der Prinz:
»Meine Herrin, in diesem Zustand kann ich Euch nicht in
unseren Palast führen. Wartet einstweilen hier! Ich will
Euch ein schönes Gewand bringen. Ich hole auch gleich
meine Soldaten, damit wir feierlich ins Schloß einziehen
können.«
Das Zitronenmädchen erwiderte:
»Gut, mein Prinz, ich steige auf diesen Baum und werde
dort oben auf Euch warten. Doch laßt Euch, wenn Ihr in
den Palast kommt, von Euren Eltern nicht auf die Stirne
küssen, sonst vergeßt Ihr mich.«
»Ich will mich daran halten«, sagte der Prinz. Dann zog er
den Ring mit dem grünen Stein von seinem Finger, warf
ihn ins Wasser und rief:
»Zitronenmädchen, nimm diesen Ring und steck ihn an
deinen Finger! Sollten wir einander verlieren, so ist es ein
leichtes, uns mit seiner Hilfe wiederzufinden.«
Das Zitronenmädchen fing den Ring auf und steckte ihn
an den Finger. Der Prinz verließ sie. Er kehrte zu seinen
Eltern ins Schloß zurück. Voller Freude über das Wieder-

sehen umarmten sie ihn und küßten ihn auf Stirn und Wangen. Von diesem Augenblick an hatte er das Zitronenmädchen vergessen.

Der Prinz hat sie zwar vergessen, aber wir wollen doch nach ihr sehen. Sobald sich der Prinz entfernt hatte, war das Mädchen aus dem Wasser gestiegen. Neben dem Brunnenbecken stand ein hoher Platanenbaum, dem rief sie zu:

»Beuge dich, Platane, beuge dich!«

Langsam beugte sich der Platanenbaum herunter. Nachdem sich das Zitronenmädchen auf einen seiner Zweige gesetzt hatte, richtete er sich wieder in die Höhe. Das Mädchen versteckte sich zwischen den Blättern, streckte aber den Kopf vor, um das reglos stehende Wasser anzuschauen.

Um diese Zeit kam aus einem der Häuser in der Stadt eine schwarze Dienerin zum Brunnen, um Wasser zu holen. Sie wollte gerade den Krug in das Becken tauchen – da hielt sie mit einem Male inne. Aus dem Wasser blickte ihr das schöne Gesicht des Zitronenmädchens entgegen; sie hielt es für ihr eigenes Spiegelbild und betrachtete es hingerissen. Dann sprach sie zu sich selbst:

»So schön bin ich! – und da soll ich als Dienstmagd arbeiten?« Sie füllte den Krug und kehrte eilends in die Stadt zurück. Sie sagte zu ihrer Herrin:

»Als ich den Krug ins Wasser tauchte, habe ich mein Spiegelbild gesehen. Was für ein schönes Mädchen bin ich doch! Was fällt Euch ein, mich zu so niedrigen Diensten anzuhalten? Ab jetzt gehe ich nicht mehr Wasser holen und mache auch keine andere mindere Arbeit mehr!« Die Frau meinte lachend:

»Ach, du dummes Mädel! Hättest du doch einmal den Kopf gehoben und zum Baum hinaufgeschaut, dann wüßtest du, wer da schön ist.«

Daraufhin begab sich die Negerin wieder schnell zurück

zum Brunnen. Dort, wo sie ihr vermeintliches Spiegelbild erblickt hatte, hob sie den Kopf und schaute in die Wipfel des Baumes. Als sie zwischen den Zweigen ein Mädchen sah, das so schön war wie der Mond am Vierzehnten, mußte sie ihrer Herrin recht geben. Sie sprach das Zitronenmädchen an:

»Schönes Mädchen! Liebes, süßes Mädchen, nimm mich doch hinauf zu dir!«

Da sich der Prinz verspätet hatte, war dem Zitronenmädchen die Zeit lang geworden. So kam es ihr recht gelegen, mit dem schwarzen Mädchen ein wenig zu plaudern. Sogleich rief sie:

»Beuge dich, Platane, beuge dich!«

Vor den Augen des erstaunten Negermädchens neigte sich der Platanenbaum bis zur Erde. Als der Ast, auf dem das Zitronenmädchen saß, ganz nah am Boden war, setzte sich das schwarze Mädchen neben sie. Die Platane richtete sich wieder hoch. Die beiden Mädchen unterhielten sich über dies und das. Damit die Zeit schneller verginge, erzählte das Zitronenmädchen auch, was ihr zugestoßen war. Nachdem sich nun die Negerin ihre Lebensgeschichte angehört hatte, meinte sie:

»Wo du doch eine Feenmaid bist, hast du sicher auch einen Talisman. Willst du ihn mir nicht nennen?« Das Zitronenmädchen dachte sich dabei nichts Arges und antwortete:

»Mein Talisman ist der kleine goldene Kamm in meinem Haar. Wenn dieser kleine goldene Kamm nicht an seinen Platz gesteckt wird, werde ich zu einem Vogel und fliege davon.«

Danach sprachen sie wieder über das und jenes, und dazwischen sagte das Negermädchen:

»Meine Herrin, Euer Haar ist ganz zerrauft. Neigt doch den Kopf, ich will Euch ein wenig kämmen...«

Das Zitronenmädchen beugte den Kopf, und die Negerin kämmte ihr mit dem goldenen Kamm das Haar. Als sie damit fertig war, steckte sie den Kamm nicht an die Stelle, von der sie ihn genommen hatte, sondern an die andere Seite. Und das Zitronenmädchen wurde zu einer weißen Taube und flog davon.

Da nun das Zitronenmädchen zu einem Vogel geworden und fortgeflogen war, holte das schwarze Mädchen vor Freude tief Atem. Dann zog sie ihre Kleider aus und verbarg sich, wie zuvor das Zitronenmädchen, zwischen den Blättern des Baumes. So wartete sie die Rückkunft des Prinzen ab.

Um diese Zeit geschah es, daß sich der Prinz wieder des Zitronenmädchens erinnerte. Sogleich rief er seine Soldaten zusammen und machte sich auf den Weg. Er nahm an seidenen Kleidungsstücken mit, was eine Prinzessin zum Anziehen benötigt. Auf seinem Roß vorausreitend, gelangte er zu dem Brunnenbecken. Als er den Kopf hob und auf dem Baum das schwarze Mädchen erblickte, fragte er erstaunt: »Mädchen, wie schaust du denn aus? Was ist mit dir geschehen?«

Die Negerin tat sehr traurig und sagte:

»Was wird es schon sein, mein Prinz? Ihr habt mich vergessen. Während ich hier die längste Zeit gesessen habe, brannte die Sonne und ich schmorrte, wehte der Wind und ich verdorrte. Vom vielen Weinen schmerzen meine Augen.«

Der Prinz glaubte diesen Worten. Nachdem das Negermädchen die schönen Kleider angelegt hatte, stieg sie mit Hilfe des Prinzen vom Baum herunter. Sie begaben sich gemeinsam zurück in den Palast. Als der Sultan und die Sultanin die Negerin sahen, wunderten sie sich. Das Mädchen war keineswegs so schön, wie der Prinz sie geschildert hatte. Doch um ihren Sohn nicht zu kränken, ließen sie sich nichts anmerken und rüsteten für die beiden zu einer Hochzeit, die vierzig Tage und vierzig Nächte währte.

Nach der Hochzeit kam des öfteren eine weiße Taube in den Garten des Palastes. Sie ließ sich auf einem Baum nieder und rief:

»Gartenmeister! Gartenmeister! Wenn der Prinz schläft, soll er schlafen und erwachen, süß wie Honig mögen seine Träume sein! Wenn das Negermädchen schläft, soll sie schlafen und erwachen, ihre Ruhe möge vergiftet sein! Die Äste, die ich berühre, mögen verdorren, weder Blüten noch Früchte tragen!«

Dann flog sie wieder fort. Und jeden Tag vertrockneten die Äste, auf denen sie sich niedergelassen hatte.

Als der Prinz eines Tages den Schloßgarten betrat, sah er, daß die Äste mancher Bäume verdorrt waren, und fuhr den Gärtner an:

»Warum achtest du nicht gut auf die Bäume?«

Da mußte der Gärtner erzählen, warum die Äste vertrockneten. Daraufhin befahl der Prinz:

»So bestreiche alle Äste mit Pech und fange die Taube!«

Der Gärtner führte sogleich aus, was ihm der Prinz befohlen hatte. Am nächsten Tag setzte sich die Taube wieder auf einen Ast und sagte:

»Die Äste, die ich berühre, mögen verdorren, weder Blüten noch Früchte tragen!«

Aber als sie wegfliegen wollte, blieb sie mit den Füßen am Pech kleben. Sogleich wurde der Prinz benachrichtigt. Man fing die Taube ein und sperrte sie in einen Käfig. Der Prinz gewann die Taube sehr lieb. Er hängte den Käfig in einer Ecke seines Zimmers auf. Befand er sich im Zimmer, so gurrte die Taube, sprach geradezu wie ein Mensch, wenn er aus dem Zimmer war, gab sie keinen Laut von sich.

Das schwarze Mädchen erkannte die Taube und sann nun auf Mittel und Wege, sie zu beseitigen. Eines Tages stellte sie sich krank und sagte:

»Wenn ich nicht das Fleisch einer weißen Taube essen kann, muß ich sterben.«

Der Prinz gab Befehl, auf dem Markt eine weiße Taube zu besorgen. Aber die Negerin bestand auf ihrer Forderung: »Es muß unbedingt diese Taube sein, eine andere will ich nicht!« Alle Bemühungen des Prinzen halfen nichts, er konnte das schwarze Mädchen nicht umstimmen. So ließ er die weiße Taube, die in den Käfig gesperrt worden war, schlachten.

Als man die Taube im Schloßgarten tötete, floß so viel Blut aus ihr, daß die Erde dort brennendrot wurde. Und im selben Augenblick wuchs an dieser Stelle eine riesige Zypresse. Als die Negerin die Zypresse sah, hielt sie das nicht länger aus und verlangte:

»Laßt mir aus dem Holz dieser Zypresse einen Thron anfertigen!«

Man wollte eine andere Zypresse schlagen, aber das schwarze Mädchen hörte auf niemanden. So blieb nichts anderes übrig, als jene Zypresse zu fällen und daraus einen schönen Thron für die Negerin herstellen zu lassen.

Das Holz, das dabei abfiel, wurde einer armen Frau geschenkt. Die nahm es unter Dankesworten, trug es zu sich nach Hause und schichtete es in einer Ecke auf, um es später zu verheizen. Als sie einmal von zu Hause wegging, um verschiedene Einkäufe zu machen, begannen sich die Holzscheite zu rühren. Und da kommt doch tatsächlich das Zitronenmädchen dazwischen hervor! Sogleich krempelte sie die Ärmel auf, fegte das Haus von oben bis unten und putzte alles blitzeblank. Dann ging sie in die Küche, kochte das Essen, wusch das Geschirr, trocknete ab und räumte alles an seinen Platz. Sie deckte den Tisch, und sobald sie damit fertig war, kroch sie in einen Schrank und versteckte sich.

Die arme Frau kam zurück. Als sie die Tür aufmachte, war sie sprachlos vor Erstaunen. Sie durchsuchte das ganze Haus, um herauszubekommen, wer das gemacht hatte. Da sie aber niemanden fand, rief sie:

»Bist du ein Geist oder ein Mensch?«

Das Zitronenmädchen verließ sein Versteck und sagte zu der Frau:

»Ich bin weder Geist noch Mensch. Ich bin eine Feenmaid; doch nun bin ich zu einem Menschen geworden, wie du es bist.« Sie ging auf die Frau zu und küßte ihr die Hand. Dann erzählte sie, was ihr zugestoßen war, und bat, sie möge sie an Kindes Statt annehmen. Die arme Frau, der das Alleinsein ohnehin nicht behagte, nahm sie als Tochter bei sich auf. Von da ab lebten sie einträchtig beieinander.

Da geschah es, daß der Prinz von einer Krankheit befallen wurde. Die Ärzte rieten ihm, möglichst viel Suppe zu essen. Jeden Tag schickte man aus einem Haus Suppe in den Palast; schmeckte sie dem Prinzen, so aß er die Schüssel leer, sagte sie ihm aber nicht zu, nahm er nur einen Löffel voll und ließ den Rest stehen. Als die Kunde von der Erkrankung des Prinzen dem Zitronenmädchen zu Ohren kam, kochte sie rasch eine gute Suppe. Sie warf den Ring mit dem grünen Stein, den ihr der Prinz gegeben hatte, hinein und sagte zu der armen Frau:

»Mütterchen, ich habe auch eine Suppe für unseren Prinzen gekocht. Sei doch so gut und bring sie in den Palast!«

»Aber ja, mein Liebling, gerne«, sagte die gute Frau, nahm die Schüssel mit der Suppe und begab sich zum Schloß. Die Soldaten wollten dieses Weiblein in den alten, abgetragenen Kleidern nicht einlassen. Der Prinz sah sie jedoch von seinem Fenster aus und befahl, ihr das Tor zu öffnen. Die Frau schritt die Treppen ins obere Stockwerk hinauf und überbrachte dem Prinzen die Schüssel. Sobald sie das Zimmer wieder verlassen hatte, kostete der Prinz die Suppe, sie schmeckte ihm. Er nahm einen zweiten Löffel, da spürte er etwas Hartes im Mund. Und wie er es herausnahm, sah er, daß es nichts anderes war als der Ring mit dem grünen Stein, den er dem Zitronenmädchen gegeben hatte! Nun war er sich darüber klar, daß die Negerin, die er im Glauben, sie sei das Zitronenmädchen, geheiratet hatte, jemand anderer war. Unverzüglich sandte er dem armen Weiblein einen Diener nach. Als sie eintrat, fragte er sie:

»Tante, hast du eine Tochter?«

»Ja, mein Sohn«, erwiderte die gute Frau. »Und noch dazu ist sie eine Feenmaid. Aber jetzt ist sie eigentlich ebenso ein Mensch wie wir.«

Die Worte der Frau erfreuten den Prinzen so sehr, daß er mit einem Schlag von seiner Krankheit genas. Er bat das Mütterchen, neben ihm Platz zu nehmen und ihm alles, was sie wisse, zu erzählen. Sie berichtete der Reihe nach, so wie sie es von dem Zitronenmädchen erfahren hatte. Da nun der Prinz die Wahrheit kannte, klatschte er in die Hände und befahl dem eintretenden schwarzen Diener:

»Meine Frau soll sofort kommen!«

Kurz darauf erschien die Negerin, vor Angst am ganzen Leibe bebend. »Du Lügnerin! Du falsches Weib!« schrie der Prinz sie an. »Sag, willst du vierzig Hacken oder vierzig Schabracken?« »Was fang' ich mit vierzig Hacken an? Ich will vierzig Schabracken, daß ich in mein Land zurückkehren kann«, erwiderte sie.

Sogleich band man das schwarze Mädchen an die Schwänze von vierzig Schabracken und jagte sie hinauf in die Berge.

Im Schloß wurde aufs neue zu einer Hochzeit gerüstet. In nie gesehener Pracht feierten der Prinz und das Zitronenmädchen vierzig Tage und Nächte lang das Fest ihrer Vermählung.

Sie leben in Glück und Frieden, das gleiche sei euch beschieden.

Die Basilienkräutlerin

Die Zeit rinnt an der Zeit vorbei
Das Sieb liegt drinnen in der Streu
Kamele spielen mit dem Ball
Im alten Bad, das nicht mehr neu
Der Bader hat keine Wasserschale zum Übergießen
Dem Bade fehlen Kuppel und Fliesen
Drinnen sah ich eine Frau
Ihr Badeschurz ist in der Mitte zerrissen
Auf dem Markt läuft ein Windhund herum
Sein Halsband ist durchgebissen . . .

Ich sagte zum Sattler:

»Machst du einen Halsriemen?
Möchtest du dir damit ein paar Groschen verdienen?«

Er sprach:

»Aber ja, gerne
Mach ich den Riemen,
Um was zu verdienen . . .«

Es war einmal, es war keinmal. Es war einmal ein Fürstensohn, der jeden Tag sein Pferd bestieg und an einem Garten vorüberritt. Drinnen in dem Garten goß ein schönes
Mädchen die Basilikumstöcke. Eines Tages, als der Fürstensohn wieder vorbeikam, sah er das Mädchen. Er hielt
sein Pferd an und sagte:

»Basilienkräutlerin, Basilienkräutlerin,
Tag und Nacht gießt du das Basilienkraut;
Wie viele Blätter hat das Basilikum?«

Das Mädchen erwiderte ihm:

>Du bist ein Fürstensohn, ein feiner Herr,
Reitest hoch zu Roß spazieren,
Herrschst und gebietest über die Welt;
Wie viele Sterne gibt es am Himmel?«

Den Fürstensohn überraschte die Dreistigkeit des Mädchens, aber er ließ es sich nicht anmerken und ritt weiter.

Nun war es ihm schon zur Gewohnheit geworden, jedesmal, wenn er dort vorbeikam, das Mädchen zu fragen:

>Basilienkräutlerin, Basilienkräutlerin,
Tag und Nacht gießt du das Basilienkraut;
Wie viele Blätter hat das Basilikum?«

Und das Mädchen gab ihm immer die gleiche Antwort.
Eines Tages überlegt sich der Fürstensohn folgendes:
»Gärtner haben gerne Leber (die Gärtner sind nämlich
meist Albaner, und Leber nach albanischer Art ist in der
ganzen Türkei berühmt), ich kaufe eine Leber und bring'
sie diesem Mädel mit.«

Er besteigt wieder sein Roß und ruft, als er vor dem Garten anhält:

>Basilienkräutlerin, Basilienkräutlerin,
Tag und Nacht gießt du das Basilienkraut;
Wie viele Blätter hat das Basilikum?«

Daraufhin entgegnet ihm das Mädchen:

>Du bist ein Fürstensohn, ein feiner Herr,
Reitest hoch zu Roß spazieren,
Herrschst und gebietest über die Welt;
Wie viele Sterne gibt es am Himmel?«

»Komm her, Mädel«, sagt der Fürstensohn, »schau, was
ich dir gekauft habe.« Das Mädchen tritt zu ihm hin, ge-

rade wie sie die Hand vorstreckt, um die Leber in Empfang zu nehmen, beugt sich der Fürstensohn vom Pferd zu ihr herab und küßt sie. Die Basilienkräutlerin packt die Leber und schlägt damit dem Fürstensohn ins Gesicht. Der Fürstensohn spottet:

»Ha! Für eine Leber läßt sie sich küssen.«

Das Mädchen ist schlagfertig, sie bleibt ihm die Antwort nicht schuldig:

»Ha! Wegen einer Leber läßt er sich schlagen.«

Jetzt sagt der Fürstensohn: »Mädchen, du wirst mich einige Zeit nicht sehen. Ich reise nach Lebbi.«

»Glückliche Reise, mein Fürst, komm wohlbehalten zurück!«

Die Basilienkräutlerin hatte aber ihr Herz für den Fürstensohn entdeckt und angefangen, ihn zu lieben. Sogleich eilt sie ins Haus. Zieht Männerkleidung an, bindet das Haar zusammen. Besteigt ein Pferd. Noch vor dem Sohn des Fürsten erreicht sie den Ort, der unter dem Namen *Lebbi* bekannt ist. Sie schlägt ein Zelt auf und setzt sich davor. Wie sie den Fürstensohn in der Ferne wahrnimmt, holt sie schnell ihr Pferd und führt es am Zügel spazieren. Nicht weit von ihr entfernt steigt der Fürstensohn von seinem Roß und schlägt ebenfalls sein Zelt auf. Sofort kocht das Mädchen Kaffee. (Der Bursche ist ja nach ihr eingetroffen, also ist er der Gast und muß bewirtet werden.) Sie trägt den Kaffee zu ihm hin. Die beiden lassen sich nebeneinander nieder. Damals spielte man Schach; sie setzen sich nach der üblichen Begrüßung und einem kurzen Gespräch ans Schachbrett. Der Sohn des Fürsten sagt:

»Wenn ich verliere – ich habe ein goldenes Säbelgehenk, das will ich dir geben.«

Und das Mädchen meint:

»Wenn ich verliere – ich habe eine schöne Sklavin, die soll für eine Nacht dein Gast sein.«

Bei der ersten Partie verliert der Fürstensohn, er nimmt

sein goldenes Säbelgehenk ab und überreicht es dem Mädchen. Beim zweiten Spiel wird das Mädchen besiegt.
Der Abend bricht herein. Das Mädchen geht in ihr Zelt,
kleidet und schmückt sich und putzt sich heraus. Geht hin
und legt sich dem Fürstensohn in die Arme. Der hat keine
Ahnung, wer sie wirklich ist, er hält sie für die Sklavin des
Jünglings, den er im Schachspiel besiegt hat.
Noch bevor der Morgen dämmert, verläßt das Mädchen
das Zelt des Fürstensohns, schwingt sich aufs Pferd und
reitet nach Hause. Neun Monate und zehn Tage vergehen,
da bringt sie einen Sohn zur Welt. Einige Zeit verstreicht,
ihr Söhnchen ist drei Monate alt geworden. Es ist Sommer.
Der Sohn des Fürsten kommt wieder hoch zu Roß an dem
Garten vorbei und ruft dem Mädchen zu:

>Basilienkräutlerin, Basilienkräutlerin,
Tag und Nacht gießt du das Basilienkraut;
Wie viele Blätter hat das Basilikum?«

Und das Mädchen antwortet:

>Du bist ein Fürstensohn, ein feiner Herr,
Reitest hoch zu Roß spazieren,
Herrschst und gebietest über die Welt;
Wie viele Sterne gibt es am Himmel?«

Der Fürstensohn neckt sie:
»Ha! Für eine Leber läßt sie sich küssen.«
Das Mädchen ist um die Antwort nicht verlegen:
»Ha! Wegen einer Leber läßt er sich schlagen.«
»Mädel«, sagt der Fürstensohn, »du wirst mich eine Zeit-
lang nicht sehen. Ich reise nach Tschini.«
»Glückliche Reise, mein Fürst, komm wohlbehalten zu-
rück!«
Wieder eilt das Mädchen ins Haus, zieht sich um, verklei-
det sich als Jüngling. Noch vor dem Fürstensohn gelangt
sie an jenen Ort, den man *Tschini* nennt. Sie schlägt ihr

Zelt auf. Empfängt den Sohn des Fürsten, wie sie es schon in Lebbi getan hat. Wieder setzen sie sich zusammen und spielen Schach. Auch diesmal verliert der Fürstensohn das erste Spiel – er besaß eine goldene Uhr, die gibt er dem Mädchen. Nach der zweiten Partie muß sich das Mädchen für besiegt erklären.

Sobald es Abend wird, schmückt und kleidet sie sich, als wäre sie eine Sklavin, begibt sich zum Fürstensohn und legt sich an seine Seite.

In aller Frühe, ohne daß der Fürstensohn es bemerkt, stiehlt sich das Mädchen davon. Nach neun Monaten wird sie von einem zweiten Knaben entbunden. Es ist Frühling. Der Fürstensohn ist auch aus Tschini zurückgekehrt, er reitet zum Garten und spricht:

»Basilienkräutlerin, Basilienkräutlerin,
Tag und Nacht gießt du das Basilienkraut;
Wie viele Blätter hat das Basilikum?«

Das Mädchen entgegnet ihm:

»Du bist ein Fürstensohn, ein feiner Herr,
Reitest hoch zu Roß spazieren,
Herrschst und gebietest über die Welt;
Wie viele Sterne gibt es am Himmel?«

»Du wirst mich ziemlich lang nicht sehen, Mädel«, sagt der Fürstensohn, »dieses Mal reise ich nach Indien.«

»Glückliche Reise, mein Fürst, komm wohlbehalten zurück!«

Sie zögert keinen Augenblick, kleidet und gürtet sich und kommt, aufgemacht wie ein Jüngling, noch vor dem Fürstensohn in jenes Land, das *Indien* heißt. Wieder begrüßt sie den Fürstensohn:

»Welch schöner Zufall, daß wir uns auch hier treffen«, sagt sie. Sie setzen sich zum Schachspiel nieder. Erst verliert der Fürstensohn – er trug ein seidenes Tuch bei sich, das überläßt er dem Mädchen. Beim zweiten Mal unterliegt das Mädchen, sie verspricht ihm, am Abend die Sklavin zu ihm zu schicken.

Kaum bricht die Nacht herein, macht sie sich hübsch zurecht, betritt das Zelt des Fürstensohns und läßt sich neben ihm nieder. Am Morgen steht sie wieder ganz zeitig, bevor noch der Fürstensohn erwacht, vom Lager auf und geht. Sie kehrt nach Hause zurück. Wie neun Monate und zehn Tage um sind, kommt sie mit einem Mädchen nieder. Im Märchen vergeht die Zeit schnell. Ziemlich lange danach – ihr ältester Sohn ist sieben, der zweite sechs und das Mädchen fünf Jahre alt – reitet eines Tages wieder der Fürstensohn an dem Garten vorbei und redet sie, wie jedesmal, an:

»Basilienkräutlerin, Basilienkräutlerin,
Tag und Nacht gießt du das Basilienkraut;
Wie viele Blätter hat das Basilikum?«

Und das Mädchen erwidert:

»Du bist ein Fürstensohn, ein feiner Herr,
Reitest hoch zu Roß spazieren,
Herrschst und gebietest über die Welt;
Wie viele Sterne gibt es am Himmel?«

Der Bursche ruft:
»Ha! Für eine Leber läßt sie sich küssen.«
Das Mädchen gibt es ihm zurück:
»Ha! Wegen einer Leber läßt er sich schlagen.«
Auch der Fürstensohn liebte das Mädchen, aber konnte denn die Tochter eines Gärtners die Braut eines Fürstensohnes werden?
»Mädel«, sagte der Fürstensohn, »heute hab' ich eine Neuigkeit für dich. Ich werde heiraten.«
Nach diesen Worten gibt er seinem Pferd die Sporen und reitet davon. Unverzüglich macht sich das Mädchen ans

Werk, zieht dem ältesten Sohn sein schönstes Gewand an, legt ihm das goldene Säbelgehenk um, steckt den mittleren in ein Festtagskleid, hängt ihm die goldene Uhr über die Brust, putzt das Mädchen recht fein heraus und bindet ihm das seidene Tuch um den Kopf. Dann lehrt sie die Kinder ein Lied. Die drei Geschwister fassen sich an den Händen und betreten den Garten des fürstlichen Schlosses.

>>Als zwei Prinzen wollen wir gehen
Mit der Prinzessin, unserem Schwesterchen,
Die Hochzeit unseres fürstlichen Vaters sehen.<<

Dieses Lied singen sie in einem fort und gehen dabei im Garten auf und ab. Es ist schon finster geworden, und die Kinder spielen noch immer im Garten und singen laut ihr Lied. Die dort anwesende Dienerschaft sagt zu ihnen: >>He, Kinder! Es ist schon spät geworden. Geht doch endlich nach Hause!<<
Da stimmen die Kinder ein anderes Lied an, gleichzeitig, wie aus einem Mund:

>>Herr Lebbi, Herr Tschini,
Sag der Frau Indien,
Man verjagt uns aus dem Hause unseres Vaters.<<

Sie brüllen das Lied, so laut sie können, und schluchzen und heulen. Die Fürstinmutter eilt auf ihr Wehgeschrei herbei und fragt sie: >>Was habt ihr denn? Was wollt ihr? Warum geht ihr nicht heim?<<
Da singen die Kinder wieder:

>>Herr Lebbi, Herr Tschini,
Sag der Frau Indien,
Man verjagt uns aus dem Hause unseres Vaters<<,

und weinen nur noch lauter und heftiger. Jetzt bemerkt die Fürstinmutter, daß die Kinder das Säbelgehenk, die Uhr und das seidene Tuch ihres Sohnes tragen. Sie läßt den Fürstensohn rufen und sagt zu ihm:

»So schau doch einmal, mein Sohn, was wollen diese Kinder eigentlich? Und was haben sie denn da um?«

Die Kinder rufen wieder wie aus einem Mund:

> »Herr Lebbi, Herr Tschini,
> Sag der Frau Indien,
> Man verjagt uns aus dem Hause unseres Vaters«,

und weinen herzzerreißend. Nun sieht auch der Fürstensohn, daß jedes der Kinder eines der Geschenke trägt, die er der Sklavin gegeben hat. Der Zusammenhang wird ihm klar, und er fragt die Kinder:

»Wo seid ihr zu Hause?«

Sie weisen auf den Garten hin und antworten: »Gleich dort, in diesem Garten.«

Der Fürstensohn kehrt sofort zur Hochzeitsgesellschaft zurück. Er sagt zu seiner Braut: »Ich will dich im Diesseits und im Jenseits wie meine Schwester lieben und ehren. Habe ich doch drei Kinder und wußte nichts davon.«

Schnell schickt er zur Basilienkräutlerin einen Wagen, läßt sie ins Hochzeitshaus holen und setzt sie an den für die Braut vorgesehenen Platz.

Von neuem wird Hochzeit gefeiert, vierzig Tage und vierzig Nächte lang, und sie gelangen ans Ziel ihrer Wünsche, Gott sei Dank.

Der Geduldstein

Plötzlich gab es unten einen Mordsspektakel:
»He! Haltet ihn! Haltet ihn fest!«
»Um Gottes willen, sie kommen, mich festzunehmen«,
sagte ich.

Zweimal erhob ich mich,
einmal hüpfte ich,
und nahm achtzig Stufen auf einmal.

Da sah ich fünfhundert berittene Soldaten.
»Wohin des Weges?« fragte ich.
»Den Hassan Raschhüpferling ausfindig machen«, sagten
sie.
Daraus wurde ich nicht klug, so fragte ich nochmals. Wiederum gaben sie zur Antwort: »Den Hassan Raschhüpferling ausfindig machen«. Nun, ich schloß mich ihnen also
an. Wir kamen bis nach Edirne, nahmen den Hassan
Raschhüpferling fest. Da war der doch auch ein Floh.

Ich knackte den größten der Flöhe,
Seine Haut ergab ein Zelt von solcher Höhe,
Daß wir doch sechzig Mann darunter Platz fanden!

Ich fing des Flohes Ehegatten;
Was hatt' ich mir da angetan!
Achtzehntausend Büffel waren nötig, ihn zu bestatten!

Ich erwischte den Floh am Eck,
Ließ von ihm aus den Speck
Und erhielt tatsächlich neunzig Kilo Schmalz.

Ich band dem Floh den Sattel an,
Er zerriß den Gurt und floh sodann;
Gefällt es dir, wie gut ich lügen kann?

Es war einmal, es war keinmal. In alter Zeit lebten ein
Mann und eine Frau. Die nannten auf dieser Welt nur eine
einzige Tochter ihr eigen.
Dieses Mädel ging jeden Tag zum Brunnen, um Wasser zu
holen. Als sie sich wieder eines Tages mit dem gefüllten
Krug auf dem Heimweg machen wollte, setzte sich ein
Sperling an den Rand des Brunnentrogs und sprach:
»Ach, Mädchen, ach! Vierzig Tage wirst du bei einem To-
ten Wache halten.«
»Geh und betraure deine eigenen Toten«, gab ihm das
Mädchen zur Antwort. »Ich will seidene Gewänder tra-
gen und Reis essen.«
An drei Tagen hintereinander wiederholte der Vogel immer wieder die gleichen Worte. Schließlich hielt es das
Mädchen nicht länger aus und erzählte ihren Eltern davon. Die bekamen Angst, daß ihrer Tochter etwas zustoßen könnte. Der Mann sagte zu seiner Frau:
»Verlassen wir dieses Land! Auf die Art können wir hoffentlich das Unglück von unserer Tochter abwenden.«
Sie versorgten sich mit der nötigen Verpflegung und machten sich unverzüglich auf den Weg. Sie gingen und gingen,
zogen immer weiter fort. Da sahen sie in der Ferne, mitten
in der Einöde, ein Haus. Sie kamen näher; klopften ans
Tor, weil sie die Nacht dort verbringen wollten, aber niemand machte ihnen auf. »Wahrscheinlich hat es keinen Besitzer«, sagte der Mann und stemmte sich gegen die Tür –
er brachte sie nicht auf; die Frau mühte sich, sie zu öffnen
– nichts rührte sich. Das Mädchen sagte: »Ich will es auch
einmal versuchen.« Sowie sie ans Tor stieß, sprang das
ganz von allein auf. Das Mädchen trat ins Haus, und das
Tor schloß sich hinter ihr. Wie sie sich auch anstrengten,

die Eltern von der einen, das Mädchen von der anderen Seite, die Türe wieder zu öffnen – es war ganz unmöglich, das Tor ging nicht auf.

Das Mädchen ließ seine Eltern draußen stehen und schaute sich im Haus um. Sie stieg die Treppe hinauf und betrat ein Zimmer; da sah sie ein Lager auf dem Boden, und darauf ruhte ein Toter. Das Zimmer war vollständig eingerichtet. Neben der Liegestatt des Toten standen ein Waschbecken und eine Kanne. Auch die anderen Zimmer waren mit allem Notwendigen ausgestattet. Sie ging wieder die Treppe hinunter, trat hinter das Tor und erzählte ihren Eltern, was sie oben gesehen hatte.

»So war es mir vorherbestimmt; was kann man dagegen tun? Gegen sein Schicksal kommt der Mensch nicht auf. Laßt mich hier und geht!« sagte sie.

Erst klagten und weinten die Eltern, sie brachten es nicht übers Herz, ihre Tochter allein zurückzulassen. Aber schließlich sahen sie ein, daß sie gar nichts tun konnten; so nahmen sie auf sich, was das Schicksal ihnen beschieden hatte, und trennten sich von ihrem Kind.

Das Mädchen ging wieder nach oben zu dem Toten und setzte sich an sein Kopfende; sie begann, die Tage zu zählen. Jeden Tag fegte sie gründlich alle Räume, gab frisches Wasser in die Kanne, dann nahm sie ihren Platz ein und hielt Wache. Und so vergingen an die dreißig Tage.

Eines Morgens sah sie an dem Haus Zigeuner vorbeiziehen. Sie redete von ihrem Fenster aus eine Zigeunerin an: »Mädel! Möchtest du mir nicht Gesellschaft leisten?«

»Aber ja, sicher«, gab die zur Antwort.

Das Mädchen band ihr einen Strick um die Mitte und zog sie zum Fenster herein. Einige Arbeiten übernahm die Zigeunerin, aber die Totenwache hielt nach wie vor das Mädchen selber. Neununddreißig Tage waren nun vergangen, das Mädchen hatte all die Nächte nicht geschlafen, da sagte sie zu der Zigeunerin:

»Komm, wache hier neben diesem Lager! Ich will mich ein wenig ausruhen.« »Gut«, meinte die Zigeunerin und setzte sich an das Kopfende des Toten. Die andere legte sich hin, dachte: ich schlafe nur ganz kurz, erwache gleich wieder; aber sie sank in tiefen Schlaf.

Lassen wir sie schlafen. Nun war der vierzigste Tag zu Ende gegangen. Der Tote auf seinem Lager erwachte. Er hielt das Zigeunermädchen, das an seinem Kopfende Wache hielt, am Handgelenk fest und fragte sie:

»Bist du es, die mich vierzig Tage bewacht hat?« Das Zigeunermädchen erwiderte ihm:

»Ja, ich bin es.«

»Willst du mich heiraten, wenn es Gottes Wille ist?«

»Ja, ich will dich heiraten«, antwortete sie.

Der Jüngling nahm die Zigeunerin zur Frau. Als das andere Mädchen erwachte, erfaßte sie gleich, was vorgefallen war, aber sie sagte kein Wort. Nun war in dem Haus die Zigeunerin die Herrin, und das Mädchen mußte sie bedienen.

Eines Tages sagte der Mann zu seiner Frau und zur Dienstmagd:

»Ich reise in die Stadt. Was soll ich euch mitbringen?«

Die Zigeunerin erwiderte:

»Kauf mir Perlen und Flitter und auch ein Fladenbrot!«

Das andere Mädchen aber meinte:

»Bring mir eine Puppe, einen Geduldstein und auch ein Messer mit schwarzem Griff!«

Der Mann gelangte in die Stadt. Er besorgte, was ihm das Zigeunermädchen aufgetragen hatte. Als er dann noch die Dinge verlangte, die sich das andere Mädchen gewünscht hatte, sagte der Ladeninhaber:

»Gib gut acht, was diejenigen, denen du diese Sachen kaufst, damit tun werden.«

Der Mann kehrte mit den Geschenken für die Mädchen nach Hause zurück. Zuerst gab er der Zigeunerin, was er

34

ihr mitgebracht hatte. Die legte sich die Perlenkette um den Hals und schmückte sich mit dem Flitter. Sie brach das Brot in mehrere Stücke, von denen sie je eines auf ein Polster legte. Daraufhin ging sie von einem Kissen zum anderen und bettelte: »Frau, gib mir ein Stück Brot!« Der Mann hielt sich versteckt und beobachtete ihr Treiben. Bei sich dachte er:

»Jetzt wird sich's ja herausstellen.«

Dann überreichte er dem anderen Mädchen die Geschenke. Wieder verbarg er sich. Das Mädchen legte das Messer mit dem schwarzen Griff neben sich. Den Geduldstein und die Puppe stellte sie vor sich auf. Nun begann sie, dem Geduldstein ihre Geschichte zu erzählen:

»O Geduldstein!« sagte sie, »Ich war die einzige Tochter meiner Eltern. Eines Tages ging ich Wasser holen. Ein Vogel setzte sich an den Rand des Brunnens und redete mich an: ›Ach, Mädchen, ach! Vierzig Tage wirst du bei einem Toten Wache halten.‹ Geduldstein, wer soll das ertragen, du oder ich?«

Während sie sprach, begann die Puppe zu hüpfen und sich im Tanze zu drehen, und der Geduldstein blähte sich mehr und mehr auf.

»Ich habe meinen Eltern von den Worten dieses Vogels berichtet. Sie brachten mich aus meiner Heimat fort, weil sie dachten, mich auf diese Weise vor einem solchen Schicksal bewahren zu können. Dieses Haus lag auf unserem Weg. Sie rüttelten am Tor, brachten es aber nicht auf; ich stieß daran, es öffnete sich und schloß sich gleich wieder hinter mir. Ich blieb drinnen, meine Eltern standen draußen. Es war mir ganz unmöglich, die Türe aufzumachen und Vater und Mutter hereinzuholen. Ich stieg ins obere Stockwerk hinauf und sah den Toten im Zimmer liegen. Da begriff ich, daß es mir so bestimmt war. Geduldstein, wer soll das erdulden, du oder ich?«

Die Puppe begann wieder zu hüpfen und sich wirbelnd im

Kreise zu drehen, der Geduldstein schwoll immer mehr an.

Das Mädchen fuhr fort zu erzählen:

»Eines Morgens zogen hier Zigeuner vorbei. Ich nahm ein Zigeunermädchen zu mir, um Gesellschaft zu haben. Genau neununddreißig Tage hatte ich den Toten bewacht. Am letzten Tag wurde ich von so großer Müdigkeit überfallen, daß ich die Zigeunerin bei dem Toten Wache halten ließ, um selbst ganz kurz auszuruhen. Während ich schlief, ist der Tote erwacht. Er nahm das Mädchen, das an seinem Kopfende saß, zur Frau, und ich wurde zur Sklavin dieses Hauses. Geduldstein, wer hält dies noch länger aus, du oder ich?«

Der Geduldstein brach entzwei. Da sagte das Mädchen zu dem Geduldstein:

»Nicht einmal du hast es ausgehalten, wie soll es da ich noch länger ertragen?« Sie nahm das Messer mit dem schwarzen Griff und wollte es sich ins Herz stoßen. Genau in diesem Augenblick sprang der Mann aus seinem Versteck hervor und packte das Mädchen am Handgelenk. Er rief nach der Zigeunerin:

»Willst du das Messer mit dem schwarzen Griff oder vierzig Maulesel?« fragte er sie. Die Zigeunerin erwiderte:

»Das Messer mit dem schwarzen Griff soll das Herz deiner Freunde durchbohren! Ich möchte vierzig Maulesel, auf denen reite ich zum Haus meines Vaters.«

Sie banden die Zigeunerin an die Schwänze der Maulesel. Von den vierzig Mauleseln wurde sie in die Berge geschleift, und ihr Körper, der auf den harten Felsen aufschlug, zerschellte in tausend Stücke.

Das Mädchen und der Bursche aber feierten vierzig Tage und vierzig Nächte lang eine prächtige Hochzeit und lebten glücklich und in Freuden.

Prinz Hüsnü Jussuf

Aus einem Guß, aus einem Fluß
Drei Burschen krochen aus der Nuß
Zwei sind nackt und bloß
Einer ohne Hemd und Hos.

In der Brusttasche des nackten Burschen fand ich drei
Groschen. Die nahm ich und ging damit auf den Markt.
Dort werden Melonen verkauft, so groß wie Pinienzap-
fen. Ganz unmöglich, sie aufzuheben oder gar unter den
Arm zu nehmen.
Ich kaufte eine Melone. Als ich sie aufschnitt, rutschte
mein Messer hinein. Wie ich das Messer herausziehen will,
plumpste meine Hand hinein. Wie ich meine Hand her-
ausziehen will, fiel ich selbst hinein.
Drinnen in der Melone hob ich meinen Kopf. Während
ich nach rechts und nach links schaute, gab mir ein Mann
eine Ohrfeige. Mein Kopf riß ab und eilte auf den Holz-
markt, um dort Zwiebeln und Knoblauch zu verkaufen.
Ich lief ihm sogleich hinterdrein und holte ihn auch ein.
Da kam es zu einem gewaltigen Hickhack: »Du bist mein
Kopf!« »Ich bin nicht dein Kopf!« Wir zankten und strit-
ten und brachten die Sache schließlich vor den Richter.
Der Kadi ist nicht zu Hause. Er war auf den Linsenbaum
gegenüber seinem Haus geklettert und pflückte Linsen.
Ich ging zusammen mit meinem Kopf dorthin. Vom höchsten Wipfel des Baumes rief er uns was zu. Seine Stimme
war nur schwach zu vernehmen. Er sagte:
»Euer Prozeß ist ein wichtiger Prozeß. Bringt vierzig Blatt

Papier und vierzig Armvoll Schreibrohr! Dann sucht nach einer Leiter mit vierzig Stufen, damit ich da heruntersteigen kann.«

Wir machten uns auf, besorgten vierzig Blatt Papier, schleppten vierzig Armvoll Schreibrohr herbei. Begaben uns auf die Suche nach der vierzigstufigen Leiter, fanden auch die, trugen sie herbei und lehnten sie an den Linsenbaum. Und wie der Kadi heruntersteigt, bricht doch tatsächlich die Leiter entzwei.

Der Kadi ist verschieden, mein Kopf bei mir geblieben.

Es war einmal, es war keinmal. In alten Zeiten, längst vorbei, das Sieb lag drinnen in der Streu, da lebte ein Sultan, der hatte eine sehr schöne Tochter. Eines Tages war ihr traurig zumute, sie sagte es ihrer Kinderfrau, und die meinte:

»Eh! Prinzeßlein, ich gebe dir einen Stickrahmen, dann kannst du dir mit Sticken die Zeit vertreiben.« So begann also die Prinzessin mit dem Sticken.

Eines Morgens saß sie wieder an ihrem Stickrahmen vor dem Fenster, als plötzlich ein weißer Vogel kam, blitzschnell die Schere packte und damit fortflog. Die Prinzessin schaute ihm verdutzt nach, und der Vogel wollte und wollte ihr nicht aus dem Kopf.

Es verstrich einige Zeit, sie saß wiederum mit ihrer Stickerei vor dem Fenster, ließ zwischendurch die Arbeit sinken und hing ihren Gedanken nach, da kam derselbe Vogel, packte diesmal den Fingerhut und verschwand damit.

Die Prinzessin wurde von Tag zu Tag bleicher. Der Vogel, der zu ihr gekommen war, sah aber auch ganz anders aus als alle übrigen Vögel.

Es waren wieder einige Tage vergangen, die Prinzessin hatte ihre Stickerei fertig und saß gedankenverloren vor dem Fenster, da kam der Vogel und nahm dieses Mal ihren Stickrahmen mit. Dem armen Geschöpfchen schmeckten nicht mehr Speis und Trank. Überall wurde bekanntgemacht, daß die Prinzessin erkrankt sei, aber niemand wußte ein Mittel gegen ihr Leiden. Keinen Arzt und keinen Doktor gab es mehr auf der Welt, den man nicht befragt hätte. Ganz zuletzt kam noch einer. Die Prinzessin sagte zu ihm:

»Ich bin liebeskrank. Geht zu meinem Vater und sagt ihm: ›Eure Tochter muß ganz allein eine Reise antreten, auf andere Art kann sie nicht genesen.‹« Dazu gab sie ihm noch einen Beutel voll Gold. Der Arzt begab sich zum Sultan und meldete ihm:

»Wenn Ihr wollt, daß Eure Tochter gesundet, erteilt die Erlaubnis, daß sie eine Reise unternimmt. Aber niemand soll zu ihrer Begleitung mitkommen.« Den Sultan betrübte das sehr, aber er willigte ein, ging es doch um die Gesundheit seines Kindes.

Nun packte die Prinzessin alles zusammen, was an Wert schwer, an Last gering war, und machte sich auf den Weg. Sie geht und geht, zieht immer weiter fort, über Berg und Tal nach dem fernen Ort, achtet nicht der steilen Felsen, tiefen Schluchten und reißenden Flüsse, wandert monatelang, sucht überall nach dem weißen Vogel, aber kann ihn nirgends finden. Schließlich gelangt sie, völlig erschöpft und am Ende ihrer Kräfte, in eine Stadt. Mit dem Geld, das ihr noch verblieben ist, läßt sie ein Badehaus erbauen und überall die folgende Nachricht verbreiten:

»Jeder, der sein Herz ausschütten will, möge kommen! Jeder, dem etwas zugestoßen ist, möge davon berichten! Wer etwas zu erzählen hat, darf umsonst baden.« Das spricht sich rasch herum, und bald herrscht in dem Badehaus ein reges Kommen und Gehen.

In diesem Land gab es auch einen *Keloglan*, einen kahlköpfigen Jungen. Der wohnte in einem Dorf und brachte Brennholz in die Stadt, das er dort verkaufte. Eines Tages – er hatte das ganze Holz angebracht und machte sich auf den Heimweg – kam er auch an dem Badehaus vorbei, sah die vielen Menschen und drängte sich vor, um zu sehen, was es gab. Die Leute machten sich lustig über ihn: »Keloglan, was ist dir denn schon zugestoßen, daß du dein Herz ausschütten könntest. Hättest du ein Erlebnis zu berichten, dürftest du hier umsonst baden.«

Der Kahlkopf kratzte sich hinter den Ohren, unterwegs dachte er nur über diese Sache nach, und als er am nächsten Tag in seinem Dorf ankam, sagte er zu seiner Mutter: »Mutter! Los! Steh auf! Wir gehen in die Stadt baden.« Die Frau antwortete unwirsch:

»Wer wird sich denn auf einen zweitägigen Weg machen, nur um zu baden?« Der kahlköpfige Junge setzte ihr die Sache auseinander: »Mutter, dort gibt es ein Badehaus, in dem man umsonst baden kann. Anstatt zu zahlen, erzählt man eine Geschichte.« Es gelang der Frau nicht, ihn von seinem Vorhaben abzubringen. Sie sah ein, daß bei ihm nichts auszurichten war, so machte sie sich denn mit dem Burschen auf in die Stadt.

Die Nacht brach herein, der Kahlkopf hieß seine Mutter, sich unter einem Baum schlafen zu legen, er selbst stieg auf den Baum. Der Mond stand hoch am Himmel, und alles war hell erleuchtet, als plötzlich Laute zu vernehmen waren: »klick-klirr, klick-klirr...« Keloglan glaubte, die Berge stürzten zusammen, und begann vor Angst zu zittern. Da sah er, daß vierzig Kamele herrenlos daherkamen. Sogleich stieg er ganz leise und vorsichtig vom Baum herunter und schlich ihnen nach. Sie gingen und gingen und kamen schließlich zu einer Höhle. Durch ein Tor, das von selber aufging, betraten die Kamele die Höhle und luden ihre Last an Edelsteinen ab, aber alles geschah ganz von alleine. Die Kamele zogen wieder fort, und während Keloglan ihnen mit offenem Mund nachstarrte, kamen drei Vögel. Zwei blieben im unteren Teil der Höhle, einer flog pfeilschnell ins obere Geschoß. »Damit muß es seine Bewandtnis haben«, dachte der Kahlkopf bei sich und ging ihm unbemerkt nach. Oben stand in der Mitte des Raumes ein Waschbecken. Der Vogel tauchte unter, prustete einmal und wurde zu einem Jüngling, schön wie der Mond am Vierzehnten. Er öffnete eine Lade, zog eine goldene Schatulle heraus, entnahm ihr eine Schere, einen Fingerhut und einen Stickrahmen, küßte diese Dinge und sprach unter Tränen: »Ach, meine Prinzessin, wo bist du nur? Dein Schloß wurde schwarz gestrichen. Seit sechs Monaten trauert alles um dich.«

So weinte und klagte er eine Zeitlang, dann legte er Schere, Fingerhut und Stickrahmen wieder an ihre Plätze, wurde zu einem Vogel und flog davon. Der kahlköpfige Junge war über all das nicht wenig erstaunt. Da bemerkte er, daß der Morgen anbricht. Schnell kehrte er zu seiner Mutter zurück und weckte sie. Sie machten sich wieder auf den Weg und gelangten in die Stadt. Aber Keloglan verriet seiner Mutter von dem, was er gesehen hatte, kein Sterbenswörtchen.

Sie kamen zu dem Badehaus, sahen dort ein dichtes Gedränge, Massen von Menschen, wie eben jeden Tag. Nun, es gelang ihnen, sich durchzuzwängen, sie konnten eintreten und begannen, sich auszuziehen. Die Prinzessin hinter dem Holzgitterwerk bemerkte die beiden und sagte: »Halt, wartet einmal! Was habt ihr zu erzählen? Ohne etwas zu berichten, dürft ihr nicht baden.«

»Ach, meine Tochter«, sagte das Weiblein, »was wird denn unsereinem schon Besonderes zustoßen. Da ist aber doch vor allem dieser Bursche, der...«, und sie begann zu schildern, was sie alles von dem Kahlkopf zu ertragen hatte.

»Das ist zwar kein richtiges Erlebnis«, meinte das Mädchen, »aber sei's drum, wo du doch von weither kommst – du darfst baden.« Erfreut fuhr die Frau fort, ihre Oberkleider abzulegen. Nun wandte sich die Prinzessin an den jungen Kahlkopf:

»Eh, Keloglan, was beschwert denn dein Herz?« Der erwiderte:
»Weil mein Kopf kahl ist, bekomme ich keine Frau.«
Über diese Worte mußte die Prinzessin lachen, es war das
erste Mal seit vielen Monaten. Sie forderte den Burschen
auf, neben ihr Platz zu nehmen. Da sagte der Kahlkopf:
»Jetzt, mein Fräulein, hör einmal gut zu, ich will dir was
erzählen.« Und er berichtete der Reihe nach, was ihm in
dieser Nacht zugestoßen war. Seine Mutter fiel ihm immer
wieder ins Wort; ständig redete sie dazwischen:
»Glaub ihm nicht, meine Tochter, das ist alles erlogen.
Wenn etwas gewesen wäre, hätte ich es doch auch hören
müssen. Wir waren ja beide zusammen. Er lügt.«
Aber der Prinzessin gefiel, was der Kahlkopf ihr erzählte,
und sie hörte ihm aufmerksam zu. Er redete und redete,
doch als er sagte, er habe drei Vögel gesehen, von denen
der eine weiß war, fiel sie in Ohnmacht. Alles eilte herbei,
um die Prinzessin wieder zu beleben; den Kahlkopf ver-
drosch seine Mutter mit der Holzpantine und schrie ihn
an: »Du schrecklicher Kerl, was hast du denn gemacht,
was hast du zu der Dame gesagt, daß sie ohnmächtig geworden ist?« Nun, die Prinzessin erlangte das Bewußtsein. Kaum war sie wieder zu sich gekommen, als sie rief:
»Keloglan, wo warst du stehengeblieben? Erzähle, was
geschah dann?« Und der Kahlkopf berichtete, was weiter
geschehen war. Als er sagte, daß der Vogel in dem Waschbecken untertauchte, einmal prustete und zu einem schönen Jüngling wurde, dann aus der Lade die Schere, den
Fingerhut und den Stickrahmen herauszog, glitt die Prinzessin wieder ohnmächtig zu Boden. Die Mutter des
Kahlkopfs stürzte sich von neuem auf ihren Sohn, schlug
und beschimpfte ihn. Es gelang auch diesmal, die Prinzessin ins Bewußtsein zurückzurufen. Sobald sie die Augen
aufschlug, flehte sie den kahlköpfigen Jungen an:
»Keloglan, um des Himmels willen, führ mich an die

42

Stelle, wo du jenen Vogel gesehen hast! Dieses Badehaus soll dir gehören.« Was will der Kahlkopf mehr. Als seine Mutter hörte, welche Gunst die Prinzessin ihm zu erweisen gedachte, hielt sie mit dem Schlagen inne, aber klug wurde sie aus der Sache nicht.

Die Prinzessin und der Kahlkopf machten sich gemeinsam auf den Weg. Sobald sie bei der Höhle anlangten, ließ der kahlköpfige Junge die Prinzessin dort zurück und kehrte um. Die Nacht war hereingebrochen. Im Finstern hatte die Prinzessin ziemliche Angst, doch rührte sie sich nicht vom Fleck. Da kam auch schon die Kamelkarawane daher, aber kein Treiber war mit den Tieren. Die Kamele luden ganz alleine ihre Lasten ab, dann zogen sie wieder fort. Es verging einige Zeit, da flogen drei Vögel heran. Zwei blieben unten, der dritte flatterte nach oben. Die Prinzessin ihm nach. Sie verbarg sich hinter der Tür. Der Vogel tauchte in einem goldenen Waschbecken unter und wurde zu einem schönen Jüngling. Dann öffnete er die Lade, holte eine goldene Schatulle heraus, entnahm ihr die Schere, den Fingerhut und den Stickrahmen und klagte unter Tränen:

»Ach, meine Prinzessin, wo bist du nur? Seit sechs Monaten ist dein Schloß schwarz gestrichen.« Da trat das Mädchen vor und sagte:

»Hier bin ich.« Der Jüngling eilte zu ihr hin, sie sanken einander in die Arme. Eng umschlungen saßen sie zusammen und plauderten bis in die Früh. Als der Morgen dämmerte, sagte der Jüngling:

»Um Himmels willen, meine Prinzessin, man darf dich hier nicht sehen! Auch ich bin der Sohn eines Königs. Am siebenten Tag nach meiner Geburt wurde ich von Feen gestohlen. Seit jener Zeit haben meine Eltern Trauer. Mein Land ist neun Monate von hier entfernt. Ich will dich auf meinen Rücken dorthin tragen. Niemandem wird Einlaß in das Schloß gewährt, aber wenn du sagst: ›Beim Kopf des Prinzen Hüsnü Jussuf, öffnet mir‹, so werden sie für dich das Tor aufmachen. Sollte uns ein Kind geboren werden, gib ihm den Namen *Bahtijar!*«

Dann nahm er das Mädchen auf seinen Rücken, wurde wieder zu einem Vogel und schwang sich in die Lüfte. Sie flogen und flogen, zogen immer weiter fort, flogen einen Monat, fünf Monate, neun Monate und gelangten schließlich in des Prinzen Land. Der beschrieb dem Mädchen den Weg und flog davon.

Müde und erschöpft kam das Mädchen zu dem Schloß. Sie klopfte ans Tor, wie sehr sie auch bat und flehte, man machte ihr nicht auf. Schließlich sagte sie: »Beim Kopf des Prinzen Hüsnü Jussuf, öffnet mir!« Da geriet das ganze Schloß in größten Aufruhr, eilends wurde die Königin benachrichtigt. Die lief herbei und sagte unter Tränen: »Seit zwanzig Jahren ist es das erste Mal, daß jemand Einlaß begehrt im Namen meines Sohnes. Macht dem Mädel auf! Bereitet ihr in der Scheune ein Lager!«

Tagsüber arbeitete das Mädchen als Magd im Schloß, nachts schlief sie in der Scheune. Von den Palastbediensteten wurde sie recht gequält, doch sie ertrug es alles geduldig.

Eines Nachts wurde sie von Wehen befallen und brachte einen Knaben zur Welt. Da meinte die Königin: »Vielleicht fürchtet sie sich allein, eine Magd soll bei ihr schlafen.« So leistete ihr eine taube Dienstmagd Gesellschaft. Sobald es zu dunkeln begann, sang das Mädchen für ihr Kindlein ein Wiegenlied:

> »Eine diamantene Krone hat mein Vater getragen
> Tiefe Wunden hat mir die Liebe geschlagen
> Kein Doktor kann mir das Heilmittel sagen
>
> Ach, mein Bahtijar, getötet hast du mich
> Eine Rose war mein Körper,
> verwelkt bin ich durch dich.«

Genau in diesem Augenblick klopfte es ans Fenster. Ein weißer Vogel kam und sagte:
»Schläft mein Bahtijar? Möge er ruhen, von Rosen bedeckt.« Und ohne ein weiteres Wort flog er wieder davon.
Am nächsten Morgen ging die Magd zur Königin und berichtete ihr: »Um Himmels willen, Herrin! Dieses Mädchen hat in der Nacht mit jemandem geredet. Wer weiß, wer das ist. Werfen wir sie hinaus!«
Die Königin dachte: »Schauen wir einmal, wer das ist mit dem sie da spricht, das wollen wir erst einmal herausfinden« und gab dem Mädchen eine Magd zur Seite, die sich nur taub stellte. Während die Dienstmagd tat, als ob sie schliefe, hörte sie, was das Mädchen sagte:

»Eine diamantene Krone hat mein Vater getragen
Tiefe Wunden hat mir die Liebe geschlagen
Kein Doktor kann mir das Heilmittel sagen

Ach, mein Bahtijar, getötet hast du mich
Eine Rose war mein Körper,
verwelkt bin ich durch dich

Ich saß mit dem Stickrahmen in der Hand
Ein Vogel kam und setzte mein Herz in Brand
Linderung meines Kummers der Kahlkopf fand

Ach, mein Bahtijar, getötet hast du mich
Eine Rose war mein Körper,
verwelkt bin ich durch dich.«

Als das Mädchen dieses Wiegenlied sang, kam der Vogel herangeflogen.
»Schläft mein Bahtijar? Möge er ruhen, von Rosen bedeckt«, sagte er und flog wieder fort.
Die Magd hörte diese Worte, wußte aber nicht, was sie bedeuten sollten, und erwartete ungeduldig den Morgen. In aller Frühe eilte sie weinend zur Königin:

»Um Himmels willen, meine Königin! Ich kann nicht sagen, mit wem dieses Mädchen in der Nacht gesprochen hat und was sie geredet hat. Geht selber hin und hört es Euch an!«

Als der Abend kam, verbargen sich der König und die Königin hinter dem Scheunentor und horchten. Das Mädchen sang wieder ihr Kindlein in den Schlaf:

»Eine diamantene Krone hat mein Vater getragen
Tiefe Wunden hat mir die Liebe geschlagen
Kein Doktor kann mir das Heilmittel sagen

Ach, mein Bahtijar, getötet hast du mich
Eine Rose war mein Körper,
verwelkt bin ich durch dich.

Ich saß mit dem Stickrahmen in der Hand
Ein Vogel kam und setzte mein Herz in Brand
Linderung meines Kummers der Kahlkopf fand

Ach, mein Bahtijar, getötet hast du mich
Eine Rose war mein Körper,
verwelkt bin ich durch dich.

Ein Strohschuppen ist nun mein Palast
Die tauben Mägde sind mir zur Last

Schlaf, mein Bahtijar, getötet hast du mich
Eine Rose war mein Körper,
verwelkt bin ich durch dich.«

Dem König standen die Augen voller Tränen, er sagte zur Königin:
»Sie ist auch eine Königstochter. Ihr habt die Arme sehr gequält.«

Da klopft es ans Glas, der Vogel war gekommen.
»Schläft mein Bahtijar? Möge er ruhen, von Rosen bedeckt. Haben meine grausamen Eltern es noch immer

nicht erfahren? Haben sie dich nicht ins Wochenbett und meinen Sohn in die goldene Wiege gelegt?« sagte er und flog davon.

Der König und die Königin waren wie von Sinnen. Sie gingen hinein zu dem Mädchen. Nun waren sie sich über alles im klaren – aber würde es je möglich sein, des Vogels habhaft zu werden?

Jedenfalls nahm der König das Kind, die Königin ihre Schwiegertochter, und sie brachten die beiden hinauf ins Schloß. Das Schlafzimmer des Prinzen, das zwanzig Jahre verschlossen gehalten worden war, wurde aufgesperrt und gesäubert. Man bereitete für das Mädchen das Wochenbett und legte das Kind in die goldene Wiege.

In der darauffolgenden Nacht kam der Vogel wieder zur Scheune. Als er sie leer fand, geriet er in Bestürzung:

»Du lieber Gott! Sie werden sie doch nicht hinausgeworfen haben? Oder hat man sie in den Palast geholt?« überlegte er, flog hinein ins Schloß und begab sich geradewegs in sein Schlafzimmer. Er schlüpfte aus seinem Vogelkleid und wurde zu einem Jüngling. Das Mädchen schlief, und das Kindlein schlummerte ebenfalls, da streichelte er sie beide zärtlich. In diesem Augenblick betraten seine Eltern das Zimmer; als sie ihren Sohn ohne die Vogelfedern sahen, wollten sie sofort die Hülle ins Feuer werfen. Der Bursche hielt sie davon ab:

»Um Himmels willen, haltet ein, oder ihr verliert mich auf ewig! Wenn ihr meine Rettung wollt, dann zündet morgen auf diesem Berg ein großes Feuer an und werft mein Vogelkleid hinein. Vorher noch müßt ihr das Schloß auf allen Seiten ganz fest verschließen, nirgends darf eine Öffnung bleiben! Vierzig weiße und vierzig schwarze Dienerinnen sollen in lautes Wehklagen ausbrechen: ›Prinz Hüsnü Jussuf hat sich ins Feuer gestürzt!‹ Da werden alle Feenvögel, die es gibt, sich ins Feuer werfen, um mich zu retten. Und so bin ich von ihnen erlöst.«

Am folgenden Tag entzündete man, gemäß den Worten des Prinzen, ein großes Feuer auf dem Berg und warf die Federnhülle hinein. Vierzig weiße und vierzig schwarze Dienerinnen liefen im Kreis um das Feuer herum und klagten:

»Prinz Hüsnü Jussuf hat sich ins Feuer gestürzt!«

Die Vögel kamen einer nach dem anderen angeflogen und warfen sich ins Feuer, wo sie lodernd verbrannten. Nun war der Prinz von seinem Zauber erlöst.

Die Freudenbotschaft erreichte auch die Eltern des Mädchens, die kamen ebenfalls angefahren. Der Prinz und die Prinzessin feierten vierzig Tage und vierzig Nächte lang ihre Hochzeit und lebten glücklich bis ans Ende ihrer Tage.

Sie sind am Ziel ihrer Wünsche angelangt, lassen auch wir uns hier nieder auf der Bank.

Die Feenmaid

In alter Zeit, die längst vorbei, das Sieb lag drinnen in der Streu, da die Kamele als Ausrufer umhergingen, die Flöhe als Händler herumspringen und die Ziegen mit dem Barbieren anfingen, ließ ich die Wiege meiner Eltern knarrend schwingen. Meine Mutter packte die Feuerzange, mein Vater griff zur Flinte. Los, so schnell du kannst, fortgerannt! Du an meiner Stelle wärest doch auch durchgebrannt? Ich ging und ging, zog immer weiter fort, über Berg und Tal nach dem fernen Ort. Hielt Rast, brach auf von neuem, schnitt Gerste, Weizen, Tulpen und Hyazinthen; nach einem Herbst und sechs Monaten war ich dort. Doch wie ich mich umblickte, was muß ich da sehen? Eine Nadel lang war der Weg, den ich Mühe hatte zu gehen.

Ebendort sah ich drei Kaufläden. Zwei liegen in Trümmern, einem fehlen die Rolläden. Ich betrat den Laden, der keinen Rolladen hatte, und sah dort drei Gewehre. Zwei sind zerbrochen, eines ist ohne Schießpulver. Ich nahm das Gewehr ohne Pulver und begab mich auf die Jagd. Lange spazierte ich herum, da fand ich drei Hasen. Zwei sind tot, einer ist leblos. Ich erschoß den leblosen Hasen. Zog weiter und weiter und immer weiter. Drei Flüsse versperrten mir den Weg. Zwei sind ausgetrocknet, einer führt kein Wasser. In dem Fluß ohne Wasser wusch ich den Hasen. Dort fand ich drei Töpfe. Zwei sind durchlöchert, einer hat keinen Boden. In den Topf ohne Boden gab ich den Hasen. Ließ ihn kochen und kochen. Klaubte das Fleisch von den Knochen. Ließ es mir schmecken durch Wochen. Ich wurde satt, so satt. Aber bis heute wissen meine Lippen nichts davon.

Es war einmal, es war keinmal. Einstens lebte in einem Dorf eine Bauersfrau. Jeden Tag ging ein Jüngling an ihrem Haus vorbei, sah, daß sie eine Schale Milch auf die Gasse goß, und wunderte sich darüber. Als er nun wieder eines Morgens beobachtete, wie sie eine große Schale Milch wegschüttete, konnte er seine Neugierde nicht bezähmen und redete sie an:

»Was gießt du denn da aus?« Die Frau trat hinter das Haustor; ohne dem jungen Mann ins Gesicht zu schauen, antwortete sie ihm: »Na, was wohl? Das Wasser, mit dem sich meine Tochter die Hände gewaschen hat.«

Über diese Antwort war der Jüngling sehr erstaunt. Er beugte sich zu Boden, um die im Graben angesammelte Flüssigkeit genau zu prüfen, und sah, daß es nichts anderes war als reine Milch. Sogleich richtete er sich auf und lief, so schnell er konnte, nach Hause:

»Mutter, so hör doch!« rief er. »Dort in dem Dorf wohnt eine Bauersfrau. Immer, wenn ich vorbeigehe, schüttet sie Milch auf die Straße. Heute fragte ich sie, was sie denn da ausgieße. Sie erwiderte mir: ›Das Wasser, mit dem sich meine Tochter die Hände gewaschen hat.‹ Ich sah genau hin – es ist ganz reine Milch. Wenn das Wasser, mit dem sie sich die Hände wäscht, zu reiner weißer Milch wird, wie schön muß da doch dieses Mädchen sein.«

»Na, mein Sohn, so etwas ist doch nicht möglich«, entgegnete ihm seine Mutter. Doch der Jüngling beharrte auf seiner Meinung:

»Was ich gesehen habe, war wirklich Milch, Mutter. Du weißt doch, daß ich nicht die Angewohnheit habe zu lügen.«

»Also gut«, sagte die Frau, »aber was haben wir damit zu tun?«

»Was wir damit zu tun haben, liebe Mutter? Hast du nicht erst neulich gesagt, es sei an der Zeit, daß ich heirate, ein Heim gründe und Kinder habe, denn kein größeres Glück gäbe es auf dieser Welt. Diese Gelegenheit wollen wir nicht verpassen. Bitte die Bäuerin, daß sie mir ihre Tochter zur Frau gibt.«

Die Bäuerin besaß aber gar keine Kinder, denn sie war noch unverheiratet. Sie hatte nur ihren Spaß mit dem Jüngling getrieben. Die Mutter des Burschen begab sich, um das Mädchen zu sehen, ins Haus der Bauersfrau. Die ließ sich nichts anmerken. »Meine Tochter ist krank«, sagte sie, »sie muß das Bett hüten. Doch wozu braucht Ihr sie zu sehen? Sie ist sehr schön und äußerst fleißig. Sie kann nur ungesehen die Braut Eures Sohnes werden; ich denke nicht daran, sie herzuzeigen.«

Die Mutter des Jünglings schenkte den Worten der Bäuerin Glauben. Sie überlegte, daß ein Mädchen, dessen Händewaschwasser zu weißer Milch wurde, eine große Schönheit sein müsse, und machte daher mit der Bauersfrau die Heirat ab. Sie kehrte nach Hause zurück. Ohne Aufschub wurde mit den Vorbereitungen für die Hochzeit begonnen, und am Hochzeitstag schickte man eine Kutsche ins Haus der Bäuerin, um die Braut abzuholen.

Als die Bauersfrau den Brautwagen vorfahren sah, erschrak sie. Was sollte sie tun? Wen würde sie als Braut in den Wagen setzen?

Während sie auf einen Ausweg sann, hatte sie plötzlich einen Einfall. Rasch ging sie in die Küche, füllte einen Kessel voll mit Mehl, vermischte es mit Wasser, knetete einen Teig und formte daraus eine menschliche Gestalt. Sie stellte sie zum Trocknen auf, reinigte sich dann gründlich die Hände und ging hinauf in ihr Zimmer, um sich anzukleiden. Als sie schön zurechtgemacht und herausgeputzt wieder nach unten kam, sah sie, daß die Teigpuppe genügend getrocknet war. Sie hob sie hoch und trug sie in ein

Zimmer, wo sie ihr ein Brautkleid überzog und die Brautkrone auf den Kopf setzte. Zufrieden stellte sie fest, daß die
Teigbraut sich in nichts von einer wirklichen unterschied,
und bestieg mit ihr die vor der Türe wartende Kutsche. Der
Wagen fuhr sogleich an. Während der Fahrt zermarterte
sich die Bäuerin das Hirn, wen sie dem Bräutigam als Braut
zuführen sollte? Unweigerlich würde nun die Wahrheit ans
Licht kommen, und wie stünde sie dann da! Wie sie sich das
alles so durch den Kopf gehen ließ, fuhr der Wagen an einem
großen See entlang. Als sie sah, daß das Wasser sehr tief war,
kam ihr ein Gedanke. Sie zog der Teigbraut die Kleider aus
und warf die Puppe in den See, ohne daß es der Kutscher
bemerkte. Gleich danach schrie sie:
»Oh weh! Oh weh! Meine Tochter ist in den See gefallen!«
Der Wagen hielt an. Alles versammelte sich um die Bäuerin, die in einem fort weinte und klagte. Schnell gelangte
die Kunde, daß die Braut in den See gefallen sei, auch ins
Hochzeitshaus.
Diese schlechte Nachricht betrübte den Jüngling sehr. Gemeinsam mit seinen Freunden eilte er zum See. Sie bauten
ein Floß aus einem Baumstamm, borgten sich von den Fi-
schern die Netze und fuhren weit auf den See hinaus, um
sie dort auszuwerfen.
Um diese Zeit spielten am Grunde des Sees drei Feenmädchen mit einem Ball. Als sie die Fischernetze herunter-
schweben sahen, sagten sie:
»Wie die Welt wohl aussehen mag? Wenn an Stelle von
Fischen wir uns in diesen Netzen fangen ließen, ob wir
dann hinaufkommen?«
Während sie sich noch so unterhielten, kamen die Netze
ihnen so nahe, daß sie sie streiften. Die Jüngste meinte:
»Ich halte mich an diesem Netz fest und schwimme hinauf
in die Welt. Lebt wohl!« Sie griff nach dem nächsten Fi-
schernetz und wurde von den Burschen, die das Gewicht
spürten, nach oben gezogen.

Wie nun ein Mädchen, schön wie der Mond am Vierzehnten, über der Wasseroberfläche auftauchte, schrie die Bauersfrau:

»Da ist ja meine Tochter!«

Das Feenmädchen wurde in die Kutsche gesetzt. Die Bäuerin schmückte sie sogleich mit Brautkleid und Brautkrone. Sie atmete erleichtert auf, denn dieses Mädchen, das aus dem See gestiegen war, hatte sie vor einer Katastrophe bewahrt. Die Kutsche fuhr wieder weiter und gelangte bald darauf zum Hochzeitshaus, wo der Braut ein festlicher Empfang bereitet wurde. Vierzig Tage und vierzig Nächte feierte man Hochzeit.

Der Jüngling rief seine Frau, um sie zu necken, immer nur »Bauernmädel«. Die Feenmaid fühlte sich gekränkt, daß ihr Mann sie nicht bei ihrem Namen, sondern nur Bauernmädel nannte. Sie tat alles, was er von ihr verlangte, aber sie sprach kein einziges Wort mit ihm. Der Bursche sah, daß es so nicht weitergehen konnte. Was sollte er tun, um sie zum Reden zu bringen? Eines Tages sagte er im Scherz zu ihr:

»Ich sperre dich in ein Zimmer ein.«

Da tat die Feenmaid endlich den Mund auf: »Wenn du mich einsperren willst, tu es!« antwortete sie ihm. »Was einem bestimmt ist, muß man ertragen.«

Der Jüngling ärgerte sich über ihre Antwort und schloß sie in ein Zimmer ein. Von diesem Tag an besorgte das Hauswesen seine älteste Schwester. Die dachte eines Tages bei sich: »Was das Bauernmädel wohl treibt? Ich will einmal nachschauen.«

Sie spähte durchs Schlüsselloch, um das Mädchen zu beobachten. Da sah sie die Feenmaid auf einem Kissen auf dem Boden sitzen und hörte sie sagen:

»Mein Feuer, brenn!«

Ein Klappern und Knistern war aus dem Zimmer zu vernehmen, und ein rotglühendes Kohlenbecken kam ganz von allein daher und blieb vor der Feenmaid stehen.

Während die älteste Schwester des Burschen voller Verwunderung zusah, rief die Feenmaid:

»Mein Öl, komm!«

Dieses Mal kam eine Pfanne voller Öl und hüpfte aufs Feuer. Kurz darauf begann das Öl zu sieden. Das Feenmädchen hielt beide Hände ins Öl und rief:

»Meine zehn Finger werdet zu Fischen und bratet!«

Alsgleich brutzelten in der Pfanne zehn Fische. Sobald sie gar waren, legte sie die Feenmaid auf einen Teller und schickte sie zu ihrem Mann, daß er sie zu Mittag verspeise. Die Schwester des Jünglings beneidete die Feenmaid um ihre Künste. »Was die kann, kann ich auch«, meinte sie bei sich und begab sich in die Küche.

»Mein Feuer, brenn!« befahl sie.

Aber nichts rührte sich. Also stand sie auf, entfachte das Feuer im Kohlenbecken und stellte es vor sich hin. Da das getan war, rief sie: »Mein Öl, komm!«

Wieder rührte sich nichts. Sie erhob sich, goß Öl in eine Pfanne und setzte sie auf das Kohlenbecken. Nun tauchte sie ihre Finger in das siedende Öl und sprach dazu:

»Meine zehn Finger seid ein Fisch, gleich meinem Bruder auf den Tisch!«

Da verbrannte sie sich alle Finger und stürzte schreiend aus der Küche. Die Leute im Haus liefen zusammen und umringten sie. Sie erzählte, sie habe alles so machen wollen wie das Bauernmädchen, dabei seien ihr aber die Hände verbrannt. Der Jüngling, den es sehr betrübte, daß die Hände seiner ältesten Schwester von tiefen Brandwunden entstellt waren, übertrug nun die Leitung der Hausarbeit seiner mittleren Schwester.

Die Feenmaid holte eines Tages Wasser aus dem Brunnen im Garten. Des Jünglings Schwester saß am Fenster und beobachtete sie. Der Fee entglitt der Eimer. Aber das regte sie gar nicht auf. Sie riß sich ein Haar aus und hängte es in den Brunnen. Das Haar wurde länger und länger und be rührte den Brunnengrund. Dann begann das Feenmädchen an dem Haar zu ziehen und beförderte den Eimer wieder nach oben.

Die mittlere Schwester des Jünglings mißgönnte der Feenmaid ihre Fähigkeiten.

»Das kann ich auch«, dachte sie und ging hinunter in den Garten. Sie trat an den Brunnen und ließ den Eimer hineinfallen. Um ihn wieder hochzuziehen, hängte sie ein Haar, das sie sich ausriß, in die Brunnenöffnung. Aber das Haar wurde nicht länger. Nun steckte sie den Kopf hinein und beugte sich recht weit vor, damit ihre Haare bis auf den Grund reichten. Doch da löste sich ihr Fuß vom Boden, ihre Hände fanden keinen Halt, sie fiel vornüber in den Brunnen und ertrank.

Nach diesem Unglück, das seiner Schwester zugestoßen war, ging der Bursche zu seiner Frau und beklagte sich:

»Du bist schuld daran, daß die Finger meiner ältesten Schwester verbrannten. Nun ist auch meine mittlere Schwester ertrunken. Warum führst du dich so auf? Wenn du die Absicht hast zu sprechen, so sag etwas, sonst lasse ich dich nirgendwohin.«

»Wie du willst«, gab ihm die Feenmaid zur Antwort. Da sie kein weiteres Wort verlauten ließ, ging ihr Mann wieder. Aber er war sehr wütend auf sie. Nun mußte notgedrungen die jüngste Schwester die Haushaltsführung übernehmen.

Eines Tages war kein Brot mehr geblieben. Die jüngste Schwester ging im Haus auf und ab und redete vor sich hin:

»Was sollen wir nur machen, daß das Brot rechtzeitig fertig wird?« Diesen Worten entnahm die Feenmaid, daß alles Brot aufgegessen war. Sogleich krempelte sie die Ärmel auf und rief:

»Backofen, komm!«

Ein Poltern und Krachen, und dann stand mitten im Zim-

mer ein riesiger Backofen. Als die jüngste Schwester die-
sen Lärm hörte, wurde sie neugierig und beobachtete
heimlich, was das Feenmädchen tat. Nun sagte die Fee:
»Mein Feuer, brenn!«
Gleich darauf loderte im Backofen das Feuer. Die Feenmaid warf einen Blick darauf, dann rief sie:
»Backtrog, komm hierher!«
Es klapperte auf dem Boden, und ein breiter Backtrog be-
wegte sich auf den Backofen zu und blieb vor ihm stehen.
Die Fee zog schnell ihre Kleider aus und sprang in den
Ofen. Mit ihren Haaren kehrte sie die Asche auf die eine,
das Feuer auf die andere Seite und stieg dann wieder heraus. Sie nahm Teig aus dem Trog, formte daraus Brotlaibe
und schob sie in den Ofen. Es wurden sehr viele Brote.
Sobald sie knusprig braun gebacken waren, schickte sie sie
zu ihrem Mann.
Die jüngste Schwester, die durch das Schlüsselloch alles
mitangesehen hatte, war sehr neidisch auf das Feenmädchen. Sie sagte sich:
»Wenn mein Bruder jetzt erfährt, daß sie diese Brote so
eins, zwei, drei hergezaubert hat, vergißt er alles Frühere
und söhnt sich mit ihr aus. Dabei ging doch alles ganz von
alleine. Ich kann es genauso wie sie.« Schleunigst lief sie in
die Küche und rief:
»Mein Backofen, brenn! Mein Teig, sei geknetet!«
Aber weder brannte der Backofen, noch wurde der Teig
geknetet. Sie ging zum Backofen hin und heizte ihn an.
Dann gab sie Wasser zum Mehl im Trog und knetete den
Teig. Anschließend stieg sie in den Ofen, um mit ihren
Haaren die Asche nach der einen, die Glut nach der anderen Seite zu fegen. Kaum war sie im Ofen drinnen, verbrannte sie und wurde zu Kohle.
Der Verlust seiner jüngsten Schwester traf den Jüngling
schwer. Er legte auch dieses Unglück seiner Frau zur Last
und begab sich geradewegs zu ihr:

»Du bist schuld am Tode meiner Schwestern«, sagte er.
»Was haben sie dir denn getan?«
Der junge Mann wußte nicht, daß seine Schwestern wegen
ihres Neides ein so schreckliches Ende erlitten hatten. Da
das Feenmädchen ihm keine Antwort gab, verließ er sie
und trat hinaus auf die Gasse.
Nachdem ihr Mann gegangen war, rief die Fee:
»Ölkrug, Honigkrug, kommt herbei!«
Die zwei kleinen Krüge eilten vor die Feenmaid hin. Die
sagte:
»Meine kleinen Krüge, ihr sollt euch jetzt auf den Markt
begeben und vom Ölhändler Öl, vom Honigverkäufer
Honig holen. Also, geht nur.«
Die beiden kleinen Krüge trippelten aus dem Zimmer. Sie
traten aus dem offenen Haustor und machten sich auf den
Weg. Bald überholten sie den Jüngling, der vor ihnen das
Haus verlassen hatte. Der sah die beiden Krüge, die wie
Menschen marschierten, staunte darüber nicht wenig und
folgte ihnen neugierig nach.
Die Krüge wanderten weiter und weiter, der junge Mann
blieb dicht hinter ihnen. Schließlich hielten sie auf dem
Markt vor einem Laden an. Der Ölhändler füllte den einen
von ihnen mit Öl. Daraufhin begaben sie sich zum Honigverkäufer. Der gab in den anderen Krug Honig. Nun
machten sich die zwei Krüge auf den Rückweg. Der Jüngling ließ sie nicht aus den Augen. So trippelten sie bis nach
Hause. Als sie beim Haustor hineingingen, stieß der Ölkrug beim Honigkrug an, so daß dessen Schnabel ab-
brach. Darüber begann der Honigkrug zu weinen:
»Da schau nur, was du angerichtet hast!« sagte er. »Ich
werde es meiner Herrin sagen, sie soll dir auch den Schnabel abschlagen!«
»Bruder, ich hab' es doch nicht absichtlich getan. Wenn
unsere Herrin zum Stock greift, sage ich zu ihr: ›Beim
Kopf deines Mondvaters, deiner Sonnenmutter und dei-

ner Sternengeschwister, schlag mich nicht!‹ Dann rührt sie mich nicht an.«

Sie trippelten weiter, bis vor die Tür des Zimmers, in dem sich die Feenmaid aufhielt. Der junge Mann war ihnen bis hierher gefolgt. Der Honigkrug trat als erster ein, weinend klagte er:

»Meine Herrin, der Ölkrug hat mir die Lippe gespalten.« Die Fee griff nach einem Stock; gerade als sie ihn auf den Ölkrug niedersausen lassen wollte, begann er flehentlich zu bitten:

»Feenmaid, schlag mich nicht! Beim Kopf deines Mondvaters, deiner Sonnenmutter und deiner Sternengeschwister, schlag mich nicht! Es geschah versehentlich...«

Auf diese Worte hin legte die Fee den Stock aus der Hand. In diesem Augenblick betrat auch der junge Mann das Zimmer und sagte:

»Deinem Mondvater, deiner Sonnenmutter und deinen Sternengeschwistern zuliebe, sprich!«

Nun löste sich die Zunge der Feenmaid:

»Hast du mich je gefragt, woher ich komme und wer ich bin?« sagte sie. »Als ›Bauernmädel‹ hast du mich verspottet. Selbst wenn ich ein Bauernmädchen wäre, müßtest du mich deshalb verhöhnen? Nie hast du mich was gefragt, darum war ich dir gram und habe nichts mit dir geredet.«

»Du warst im Recht«, entgegnete ihr der Jüngling. »Strafe muß sein. Ich bin bis zum heutigen Tag genügend bestraft worden. Nun ist alles wieder gut. Sag mir doch jetzt, wer du bist und woher du kommst?« Die Feenmaid begann zu erzählen:

»Wir sind drei Feenschwestern. Eines Tages spielten wir am Grunde des Sees Ball. Da schwebten Fischernetze hernieder. ›Wenn wir uns daran hängen und hochziehen lassen – ob die Welt droben über dem Wasser wohl schön ist?‹ fragten wir uns. Ich hielt mich an einem der Netze fest, sagte meinen Schwestern Lebewohl und schwamm nach oben. Eine Frau schrie: ›Da ist ja meine Tochter!‹ Sie setzte mich in die Kutsche und brachte mich hierher. Alles war schon für die Hochzeit gerichtet, und ich wurde deine Frau. Dann wolltest du mich als Bauernmädel verspotten. Das kränkte mich, und ich sprach kein Wort mehr. Außerdem hast du mich noch ungerechterweise in ein Zimmer eingesperrt!«

Die Eheleute versöhnten sich. Von da an verbrachten sie ihre Tage in Liebe und Eintracht.

Sie lebten in Glück und Frieden, das gleiche sei euch beschieden.

Prinzessin Markweißchen

Wir waren fünf Brüder: Einer von uns war blind, einer lahm, einer taub, einer nackt, und der fünfte hatte kein Schloß an seinem Gewehr. Tagaus, tagein gingen wir auf die Jagd. Schossen nichtgeborene Hasen unter nichtgewachsenen Büschen.

Wieder brachen wir auf, um unser Weidmannsheil zu versuchen. Wir wanderten und wanderten immer weiter fort, über Berg und Tal nach dem fernen Ort. Wie der Windstoß über Berge, wie die Sturzflut durch das Tal; wirbelten den Staub vom Wege, als sei's ausgeborgtes Mehl. Doch als wir uns umdrehten und zurückspähten, waren wir eine Armlänge weit vorwärts gekommen. Der Taube sprach: »Jetzt haltet einen Augenblick still, Brüder! Da kommt eine Gans. Das Rauschen ihrer Flügel ist an mein Ohr gedrungen. Oder ist hier in der Nähe ein Meer?«

Der Blinde hob die Hand an die Augen: »Da ist ein See«, sagte er, »die Gänse kommen herangeflattert.«

Der mit dem Gewehr ohne Schloß drückte ab und schoß die Gans an. »Ihr holt sie nicht ein«, rief der Lahme, »ich renne ihr nach, sonst verendet sie vorher noch.«

Der Nackte meinte: »Ihr habt nichts, um sie zu tragen. Ich stecke sie in meinen Halsausschnitt.«

Um die Gans zu kochen, war nun ein Kessel vonnöten. Als wir am Ufer des Sees spazierengingen, fanden wir einen Kessel. Dem war der Boden herausgefallen, und Rand hatte er überhaupt keinen. Wir preßten so viel Wasser hinein als nur möglich.

Die Gans hoben wir hoch, stellten sie aufs Feuer,
Sie flatterte fort, ihr war's nicht ganz geheuer
Nach Adana auf Besuch kam Hadschi Aga,
der Großbauer;
Drei Tage sind's, koch, sagen wir, und sie kocht nicht.

Vom Mütterchen haben wir das Salz geholt,
Um zu bereiten das Gansgericht.
Das Auge der Gans ist in den See gerollt;
Drei Tage sind's, koch, sagen wir, und sie kocht nicht.

Von ihren Flügeln haben wir uns viel Wolle
versprochen,
Ihr Fleisch ist härter als ihre Knochen,
Löffel und Schöpfer sind schon zerbrochen;
Drei Tage sind's, koch, sagen wir, und sie kocht nicht.

Acht von uns tragen Reisig heran,
Neun von uns zünden unterm Kessel das Feuer an,
Die Gans streckt ihren Kopf heraus und blickt uns an;
Drei Tage sind's, koch, sagen wir, und sie kocht nicht.

Wir gingen dran, die Gans abzunagen,
Die Gans flog hoch und fing an, uns zu schlagen,
Wir schämten uns, es den Nachbarn zu sagen.

Nun ja, wohl oder übel haben wir die Gans verspeist.
Aber satt bin ich nicht geworden und froh auch nicht.
Behaglich fühlte ich mich nicht dabei.

Es war einmal, es war keinmal. Vor langer Zeit lebte in
Ägypten ein Padischah, der hatte keine Kinder. Eines
Tages begab er sich verkleidet auf Wanderschaft. Er be-
gegnete einem Derwisch und grüßte ihn:
»Der Friede sei mit dir, Vater Derwisch!«
»Und mit dir, mein Padischah!«
»Da du erraten hast, daß ich der Padischah bin, weißt du
sicher auch, was ich mir von ganzem Herzen wünsche«,
sagte der Sultan.

»Dein Wunsch ist es, Nachkommenschaft zu besitzen. Nimm diesen Apfel! Gib die eine Hälfte der Sultanin zu essen und die andere Hälfte iß du selber! Nach neun Monaten wird euch eine Tochter geboren werden. Haltet sie in gutem Gewahrsam! Sie darf nichts von der Außenwelt erblicken.« Nach diesen Worten war der Derwisch verschwunden.

Der Padischah kehrte nach Hause zurück und tat, was der Derwisch ihm aufgetragen hatte. Nach neun Monaten kommt seine Tochter zur Welt. Schon während das Kind erwartet wurde, hatte der Sultan einen großen Palast errichten lassen. Darin gab es kein einziges Fenster, aus dem die Prinzessin hätte hinaussehen können. Ihr Licht erhielten all die Zimmer, Säle und Hallen von Luken, die ganz nahe der Zimmerdecken angebracht waren. Die kleine Prinzessin wurde gleich nach ihrer Geburt der Obhut von Ammen und Kinderfrauen übergeben. Die zogen sie auf und behüteten sie in dem fest verschlossenen Palast. Als das Mädchen ein wenig größer geworden war, wurde sie nur mit Mark ernährt; deshalb nannte man sie denn auch Prinzessin Markweißchen.

Im Märchen vergeht die Zeit schnell.

Die Prinzessin wächst zu einem schönen jungen Mädchen heran. Eines Tages, als man ihr wieder das Essen aufträgt, sieht sie darin einen Knochensplitter; sie nimmt ihn in die Hand, dreht und wendet ihn, und während sie ihn so betrachtet und dabei überlegt, was das wohl sein mag, springt ihr der Knochen aus der Hand und zerschlägt das Fensterglas oben an der Decke. Der Sonnenstrahl, der durch die zerbrochene Scheibe ins Zimmer dringt, setzt das Mädchen in Erstaunen. »Was das wohl wieder sein mag?« denkt sie, will das Licht, das auf die Wand fällt, fassen, kann es aber nicht und nicht mit der Hand festhalten. Da trägt sie schließlich alles, was im Zimmer steht, zusammen, stellt es übereinander, steigt hinauf und reicht so bis zur Öffnung, durch die die Sonne hereindrang. Sie streckt den Kopf vor und schaut nach draußen. Und welch ein Anblick bietet sich ihr da! Draußen ist alles ganz weiß, kniehoch liegt der Schnee. Unter dem Fenster gehen drei Jünglinge vorüber, der eine sagt zum anderen:

»Ach! Was ist so weiß wie dieser Schnee, weißt du es?«
Der andere gibt zur Antwort:

»So weiß wie Schnee ist der Kronprinz von Jemen.« Sie gehen ein Stück Weges weiter, da sehen sie im Schnee das Blut eines abgestochenen Hahnes:

»Und was ist so rot wie dieses Blut?«

»Die Wange des Kronprinzen von Jemen.«

»Und wem gleicht die Jasminrute in meiner Hand?«

»Seinem schlanken, ranken Wuchs.«

Das Mädchen, das dieses Gespräch mitangehört hat, sinkt ohnmächtig zusammen. Einige Zeit verstreicht, dann betritt eine Kinderfrau das Zimmer. Doch welcher Anblick bietet sich ihr! Prinzessin Markweißchen liegt bewußtlos auf dem Boden. Die Kinderfrau ist vor Schreck und Staunen wie benommen und weiß nicht, was zuerst zu tun ist. Schließlich eilt sie zum Padischah, um ihn zu benachrichtigen. Der gerät vor Sorge außer sich. Ärzte und Hodschas umringen die Prinzessin. Alle ihre Bemühungen und Behandlungsversuche haben keinen Erfolg. Das Mädchen schlägt einfach nicht die Augen auf. Einer der Ärzte, ein kluger Kopf, wendet sich an den Sultan:

»Mein Gebieter, ich möchte mit Euch allein bleiben. Ich habe Euch etwas zu sagen.« Sogleich werden alle Anwesenden aus dem Zimmer gewiesen. Nun spricht der Arzt:
»Eure Tochter ist verliebt.« Kaum vernimmt der Sultan diese Worte, als er in höchsten Zorn gerät:

»Ich lasse dir den Kopf abschlagen. Wen sollte meine Tochter innerhalb dieser vier Wände zu Gesicht bekommen, in den sie sich verliebt haben könnte?« Der Arzt wirft sich dem Padischah zu Füßen:

»Mein Gebieter, schone mein Leben! Ich will dir den Beweis für meine Worte liefern.«

»Es sei. Ich gewähre dir eine Frist von drei Tagen. Kannst du deine Worte nicht beweisen und meine Tochter nicht heilen, ist dein Kopf des Henkers!«

Der kluge Arzt eilt sogleich zum Fleischer. Er besorgt zwei Lämmer, geht damit zum Koch und sagt:

»Eines von diesen Lämmern laß ordentlich verkohlen, das andere versenge nur an der Oberfläche!«

Die Lämmer werden auf diese Art zubereitet. Man trägt sie ins Zimmer, stellt eines rechts, das andere links neben die Prinzessin. Der Padischah verbirgt sich in einer Ecke des Zimmers. Der Arzt weckt das Mädchen aus der Bewußtlosigkeit. Kaum schlägt sie die Augen auf, da blickt sie nach der rechten Seite, sieht das leicht gebräunte Lamm und sagt:

»Ach, mein Lamm! Bist du gleich mir in Liebe für den Kronprinzen von Jemen erglüht und von dieser Glut versengt worden?« Dann wendet sie den Blick nach links und seufzt:

»Ach, mein liebes Lämmlein! Bist du gleich mir in Liebe zum Kronprinzen von Jemen entbrannt, daß du zu Kohle geworden bist?« Gleich darauf fällt sie von neuem in Ohnmacht.

Da nun der Padischah dies gesehen und gehört hat, verzeiht er dem Arzt und sagt zu ihm:

»O rette doch meine Tochter! Ich gebe dir, was immer du dir wünschst.«

»Nun gut, überlasse deine Tochter mir! Ich werde versuchen, sie zu heilen.«

Dank der Behandlung, die der Arzt anwendet, tritt bei dem Mädchen eine leichte Besserung ein. Auf tausendfältige Art spricht er ihr Trost zu. Er flößt ihr Hoffnung ein, indem er sagt:

»Wir senden dem Kronprinzen eine Nachricht und bitten

ihn zu kommen. Ihr heiratet und werdet ein glückliches Paar.«

Unverzüglich machen sich die Hofschreiber an die Arbeit. Sie verfassen einen Brief an den Kronprinzen von Jemen, in dem sie ihm den Vorschlag unterbreiten, um die Prinzessin zu freien. Es vergeht einige Zeit, bis von ihm die folgende Nachricht eintrifft:

»Ich schicke eine Nachtigall in einem goldenen Käfig. Einstweilen möge sich die Prinzessin mit ihr die Zeit vertreiben, später dann komme auch ich selbst.«

Wie das Mädchen diesen Käfig überreicht bekommt, ist sie hocherfreut. Sie gewinnt die Nachtigall von Herzen lieb. Jeden Tag schaut sie dem Vogel zu und lauscht seinem Gesang. So wird ihr die Zeit nicht lang. Eines Morgens fällt ihr Blick auf ein Stück Papier, das in einer Ecke des Käfigs steckt. Sie zieht es heraus, sieht Schriftzeichen darauf und entziffert sie. Doch welche Worte muß sie da lesen!

»Und wärest du eine Nachtigall
Und ließest dich nieder an meiner Tür,
Ich nehm dich doch nicht, ich nehm dich doch nicht.«

Kaum hat sie das gelesen, als sie ohnmächtig zu Boden fällt. Der rasch herbeigeholte Arzt sieht den Brief. Er redet der Prinzessin gut zu:

»Nimm dir das doch um Himmels willen nicht zu Herzen, meine Prinzessin! So etwas kann vorkommen. Dem ist leicht abzuhelfen. Wir schicken eben noch einmal eine Nachricht.«

Kurz und gut, man setzt wieder einen Brief auf und schildert darin den Zustand der Prinzessin. Diesmal gibt der Kronprinz folgende Antwort:

»Über dem Meere möge ein dreieckiger Kristallpalast errichtet werden, in dessen Ecken sich ein jeweils in einer anderen Farbe ausgestattetes Zimmer befinden soll: das eine schwarz, das andere weiß und das dritte gelb. Die

Prinzessin kleide sich in ein Gewand von der Farbe des Zimmers, in dem sie sich gerade aufhält. Ich werde sodann um den Palast herumfahren und ihr drei Dinge zurufen. Erklärt sie sich mit den Bedingungen, die ich ihr stellen werde, einverstanden, so nehme ich Prinzessin Markweißchen zur Frau.«

Die Prinzessin und ihr Vater nehmen diesen Vorschlag an. Sofort wird über dem Meer ein Kristallpalast erbaut, eingerichtet und ausgestattet. Man verständigt den Kronprinzen, und der kommt auch tatsächlich. In einem von dreißig Männern geruderten Boot zieht er um den Palast seine Runden. Jetzt nähert er sich der gelben Ecke, das Mädchen im gelben Gewand lehnt sich ganz weit aus dem Fenster und erwartet ihn. Während der Kronprinz in seinem Boot gemächlich vorüberzieht, sagt er:

> »Solltest du auch bleich und blaß,
> Gelb wie eine Quitte werden,
> Ich nehm dich doch nicht, ich nehm dich doch
> nicht...
> Rudre mich, Bootsmann, zur weißen Ecke!«

Sogleich legt das Mädchen das weiße Kleid an, läuft zum Fenster des weißen Zimmers und beugt sich hinaus. Dieses Mal sagt der Kronprinz:

> »Würdest du auch fadendünn
> Und ins weiße Leichentuch gehüllt,
> Ich nehm dich doch nicht, ich nehm dich doch
> nicht...
> Rudre mich, Bootsmann, zur schwarzen Ecke!«

So kleidet sich die Prinzessin Markweißchen denn in Schwarz, eilt in die schwarze Ecke und wartet auf den Kronprinzen. Wie nun dessen Boot an dieser schwarzen Ecke des Palastes vorübergleitet, sagt der Kronprinz:

»Wenn du vertrocknest gleich dürrem Laub
Und in die schwarze Erde sinkst,
Ich nehm dich doch nicht, ich nehm dich doch
nicht ...
Rudre mich, Bootsmann, nach dem Jemen!«

Und im Handumdrehen ist er verschwunden, fortgeflogen wie ein Vogel. Prinzessin Markweißchen sinkt wiederum ohnmächtig zu Boden. Der Arzt eilt herbei. Erst nach einiger Zeit geht es dem Mädchen wieder besser. Der Arzt unterbreitet nun dem Padischah folgenden Vorschlag:
»Mein Gebieter, damit Eure Tochter ihre Gesundheit wiedererlangt, muß sie eine Reise tun. Ich erbitte von Euch ein Schiff mit einer Besatzung von vierzig Dienerinnen, eine schöner als die andere. Auf dieser Fahrt, bei der ich die Prinzessin begleite, werden wir alle Länder dieser Welt bereisen.«
Umgehend erläßt der Padischah einen Befehl. Das Schiff wird gebaut. Man wählt die schönsten Dienerinnen aus. Der Arzt und die Prinzessin begeben sich aufs Schiff und stechen in See.
Schon vorher aber hatte der Arzt einen Mann in den Jemen geschickt. Der hatte gegenüber dem jemenitischen Königsschloß ein großes Haus besorgt, eingerichtet und ausgestattet. Wie nun eines schönen Tages die Prinzessin im Jemen eintrifft, zieht sie mit dem Arzt und den vierzig Dienerinnen dort ein. Tagsüber ist das Haus wie ausgestorben, nicht der geringste Laut dringt nach außen; kaum aber wird es Nacht, da geht es los mit Geklirr und Gepolter, überall brennen Lichter, um einen großen runden Tisch, der in der Mitte steht, tanzen, angeführt von der Prinzessin, die vierzig Dienerinnen, jede in eine andere Farbe gekleidet, drehen und wenden sich und klingeln dabei mit den Schellen, die sie an die Finger gebunden haben.

Der Kronprinz schaut ihnen jede Nacht vom Fenster aus zu. Eines Tages sagt er zu seiner Mutter:

»Sind das menschliche Wesen oder Geister? Eine ist schöner als die andere. Ich habe mich in das Mädchen an der Spitze verliebt. Liebes Mütterchen, geh hin und bitte, daß man sie mir zur Frau gibt!«

»Um Himmels willen, mein Sohn«, erwidert ihm seine Mutter, »sei doch vernünftig! Du bist mein einziges Kind. Ich will dir keinen Wunsch abschlagen, aber wer sind sie denn überhaupt? Du kannst doch nicht das erstbeste Mädchen heiraten. Wir wissen ja auch gar nicht, ob das menschliche Wesen sind. Bei wem soll ich um das Mädchen werben? Tagsüber herrscht in dem Haus Totenstille.«

Sie versucht, ihrem Sohn seine Liebe auszureden. Doch der Jüngling sitzt jede Nacht am Fenster, schaut den Mädchen bei ihren Tänzen und Spielen zu und gerät über die Schönheit der Prinzessin in höchste Verzückung. Jedesmal seufzt und stöhnt er:

»Liebes Mütterchen, ich kann nicht ohne sie sein. Ich bin diesem Mädchen verfallen.«

Schließlich kann es die Sultanin nicht länger mitansehen, wie ihr geliebter Sohn leidet. Sie faßt den Entschluß, in seinem Namen um das Mädchen anzuhalten. Ihr war von ihren Eltern ein Brillanthalsschmuck geblieben. Den nimmt sie und macht sich in Begleitung einer schwarzen Dienerin auf den Weg.

Drüben auf der anderen Seite begibt sich der Arzt eilends zur Prinzessin und sagt zu ihr:

»Meine Prinzessin, heute wird die Sultanin kommen und um dich werben. Verstecke alle Dienerinnen. Nur die blinden und verkrüppelten Negerinnen dürfen zu sehen sein. Du nimmst einen Stickrahmen, setzt dich davor und bist so in deine Arbeit versunken, daß du ihr nicht einmal einen Willkommensgruß entbietest!«

Die Gäste werden an der Tür von den blinden und verkrüppelten schwarzen Dienstmägden in Empfang genommen und nach oben geführt. Prinzessin Markweißchen
sitzt in einer Ecke des Zimmers, stichelt an ihrer Stickerei
und sagt:

»Ich kenn' dich nicht, ich hab' dich nie gesehen.«

Die Mutter des Kronprinzen holt den Brillanthalsschmuck hervor und redet das Mädchen an:

»Das habe ich dir als Geschenk mitgebracht. Ich bin gekommen, um dich zu bitten, die Frau meines Sohnes zu
werden.«

Die Prinzessin sagt jedoch wieder nur:

»Ich kenn' dich nicht, ich hab' dich nie gesehn«, und fährt
in ihrer Arbeit fort. Dann klatscht sie in die Hände und
ruft:

»Dilfirib, komm!« Der eintretenden Dienerin befiehlt sie:
»Nimm das! Du kannst es beim Geschirrspülen umle-
gen«, und übergibt ihr den Halsschmuck.

Die Sultanin ärgert sich über das Benehmen des Mädchens, aber sie sagt kein Wort, steht auf und geht.

Zu Hause wartet der Kronprinz schon mit größter Unge-
duld auf seine Mutter. Die Sultanin erzählt ihm, was vorgefallen ist. Da fällt er in Ohnmacht. Erst nach Stunden
gelingt es, ihn wieder ins Bewußtsein zurückzurufen. Er
verbringt eine äußerst unruhige Nacht. Sobald der Morgen heraufdämmert, wirft er sich seiner Mutter zu Füßen
und bittet sie und fleht sie an, nochmals zu dem Mädchen
zu gehen. Die Sultanin läßt sich überreden. Sie besitzt einen schönen diamantgeschliffenen, mit Rubinen und Bril-
lanten besetzten Spiegel. Den nimmt sie diesmal mit, weil
sie meint, daß den das Mädchen doch nicht wegwerfen
könne.

Prinzessin Markweißchen sitzt wieder wie am Vortag vor
ihrem Stickrahmen, schaut nicht hoch von ihrer Arbeit
und sagt, ohne sich zu erheben:

»Ich kenn' dich nicht, ich hab' dich nie gesehn.«

Die Mutter des Kronprinzen zieht den Spiegel hervor und wendet sich an das Mädchen:

»Meine Tochter, wie kannst du nur so handeln! Mein Sohn fällt deinetwegen von einer Ohnmacht in die andere. Ich bin gekommen, um dich, so Gott will, für meinen Sohn zur Frau zu begehren. Diesen Spiegel habe ich dir als Geschenk mitgebracht.«

Prinzessin Markweißchen klatscht wiederum in die Hände und ruft:

»Muhme Merdschan! Muhme Merdschan!« Wie die Dienerin eintritt, sagt sie zu ihr:

»Nimm diesen Spiegel! Du kannst dich beim Geschirrspülen darin betrachten.« Die Negerin verläßt mit dem Spiegel das Zimmer. Ganz bedrückt steht die Sultanin auf, sagt: »Gott befohlen!« und geht. Prinzessin Markweißchen rührt sich nicht von der Stelle.

Die Sultanin kehrt nach Hause zurück und erzählt ihrem Sohn, was sich ereignet hat:

»Und wenn du mich um einen Kopf kürzer machen läßt, ich gehe kein weiteres Mal mehr hin! Ein derart ungezogenes Mädchen. Nicht einmal ins Gesicht hat sie mir geschaut. ›Ich kenn' dich nicht, ich hab' dich nie gesehn . . .‹, war das einzige, was sie verlauten ließ.«

Der arme Kronprinz verfällt in tiefes Nachsinnen. Er setzt sich an das Fenster, stützt den Kopf in die Hände und weint blutige Tränen. Der Abend bricht herein. Da blickt er auf und gewahrt, daß gegenüber wieder die Lampen in festlichem Glanz erstrahlen. Vierzig entzückende Mädchen, eine schöner als die andere, am allerschönsten jedoch die einundvierzigste, haben Schellen an die Finger gesteckt und drehen und wenden sich und tanzen rund um den Tisch. Der arme Kronprinz beugt sich weit aus dem Fenster, und während er die Mädchen betrachtet, weint und schluchzt er:

»Mütterchen, so schau dir doch das Mädchen an der Spitze an, das an der Spitze!« Und nochmals wirft er sich seiner Mutter zu Füßen und sagt:

»Bring ihr morgen als Geschenk den Koran, den uns mein Großvater hinterlassen hat. Vielleicht empfindet sie dem heiligen Buch gegenüber Achtung und nimmt es an.« Die Sultanin kann dem Flehen ihres Sohnes nicht widerstehen und beschließt, nochmals das Mädchen aufzusuchen.

Inzwischen begibt sich drüben auf der anderen Seite der Arzt, der von allem Kunde hat, zu der Prinzessin und sagt zu ihr:

»Morgen wird dir ein Koran gebracht werden. Dem heiligen Buche zu Ehren sollen alle Dienerinnen in ihren schönsten Gewändern anwesend sein. Sie mögen sich an der Türe zum Empfang aufstellen, die Sultanin auf das ehrerbietigste mit siebenmaligen Verbeugungen bis zum Boden begrüßen und sie dann nach oben zu dir geleiten. Auch du erwartest sie schon vor der Türe deines Zimmers, nimmst den Koran aus ihrer Hand entgegen, küßt ihn und legst ihn als Zeichen der Wertschätzung auf dein Haupt.«

Der Arzt gibt also dem Mädchen genaue Anweisungen, wie sie sich am nächsten Tag verhalten solle, und verläßt sie dann.

Am nächsten Tag wird der Sultanin von den Dienerinnen am Haustor ein ehrerbietiger Empfang bereitet, und an der Zimmertür wird sie von der Prinzessin freundlich willkommen geheißen. Nach den üblichen Begrüßungsworten meint die Sultanin:

»Ach, meine Tochter, so lasse uns endlich deine Antwort wissen! Mein Sohn liebt dich innig. Ich bin gekommen, um dich zu bitten, daß du, so es Gottes Wille ist, seine Frau werden mögest.« Daraufhin entgegnet das Mädchen:

»Richtet Eurem Sohn Grüße aus! Unter einer Bedingung will ich ihn heiraten. Ich habe eine große Vorliebe für Blumen. Er soll eine Glasbrücke errichten lassen, die unser Haus mit Eurem Palast verbindet. Die möge mit feinsten Lahore-Stoffen ausgelegt werden. Zu beiden Seiten sollen unzählige Rosenstöcke der verschiedensten Sorten ihre Blüten öffnen, und auf den Rosenzweigen mögen die Nachtigallen schlagen. Sodann wünsche ich mir eine goldene Wasserkanne und brillantenbesetzte Pantinen. Ich werde mich bräutlich kleiden und schmücken, und während ich über die Glasbrücke zu Euch hinüberschreite, gieße ich mit der goldenen Wasserkanne die Rosen und liebkose die Nachtigallen. Wenn Euer Sohn mit dieser Bedingung einverstanden ist, bin ich bereit, seine Frau zu werden.«

Die Sultanin erwidert:

»Um Gottes willen, meine Tochter, du verlangst ja Unmögliches! Wie sollen wir jetzt um diese Jahreszeit blühende Rosen und schlagende Nachtigallen finden?«

Das Mädchen sagt: »Wie Ihr wollt. Nur unter dieser Bedingung!«

Nachdenklich erhebt sich die Sultanin, verläßt das Haus der Prinzessin und geht zurück zu ihrem Sohn, der sie schon ungeduldig erwartet. Sie berichtet ihm, was das Mädchen verlangte.

»Ach, liebes Mütterchen, auf dieser Welt ist nichts unmöglich! Ich lasse alles genauso machen, wie sie es wünscht«, ruft der Kronprinz aus.

Er bestellt Rosen und Nachtigallen aus Persien, läßt aus Kristallglas eine Brücke bauen. Richtet alles gemäß den Angaben der Prinzessin; legt auch die goldene Wasserkanne und die brillantenbesetzten Pantinen an den vorgesehenen Platz.

Die Prinzessin zieht ihr schönes Brautgewand an. In der Hand die goldene Wasserkanne, an den Füßen die brillantenbesetzten Pantinen, schreitet sie, bezaubernd wie eine Feenmaid, schön wie der Mond am Vierzehnten, über die

Kristallbrücke, wobei sie die Rosen zu beiden Seiten mit der goldenen Kanne gießt, auf den Kronprinzen zu, der sie am anderen Ende erwartet. Da fällt ihr Blick auf eine besonders schöne Rose: »Ach, welch schöne Rose!« ruft sie aus, beugt sich nieder und riecht daran. »Welch herrlicher Duft, ich will sie abpflücken!« sagt sie. Da sticht sie ein Dorn der Rose in den Finger. Sie schleudert die Kanne aus der Hand, die Pantinen von den Füßen. »Das ist kein gutes Omen!« sagt sie und läuft rasch in ihr Haus zurück. Dort wirft sie sich auf ihr Lager. Die Sultanin kommt ihr nachgeeilt und fragt besorgt:

»Ach, meine Tochter, bist zu verwundet? Hast du starke Schmerzen? Wir wollen sogleich den Arzt rufen!«

Das Mädchen erwidert:

»Nein, nein, ich brauche gar nichts. Das ist kein gutes Omen! Richtet Eurem Sohn aus, wenn er mich will, soll er sich zum Schein totstellen und auf das Leichenbrett legen lassen. Die Hodschas mögen ihn waschen und ins Leichentuch hüllen. Dann lege man ihn in einen Sarg und stelle ihn auf den Leichenstein. Auf der rechten Seite, neben seinem Ohr, soll eine kleine Öffnung bleiben. Ich habe ihm ein paar Worte ins Ohr zu sagen. Geht er auf meinen Vorschlag ein, dann nehme ich ihn, vielleicht.«

Die Sultanin will empört auffahren:

»Um Himmels willen, meine Tochter, was redest du denn da? Er ist mein einziges Kind. Wie kann ich ihn in den Sarg legen lassen, bevor er gestorben ist.« Das Mädchen fällt ihr ins Wort:

»Wie Ihr wollt. Nur unter dieser Bedingung!«

Die Mutter des Kronprinzen macht sich auf zu ihrem Sohn und erzählt ihm die Sache:

»Mein Sohn, das ist völlig unmöglich. Du mußt auf dieses Mädchen verzichten.«

»Ach Mutter, zum Schein sterben, was ist das schon? Wenn ich dieses Mädchen nicht bekomme, werde ich

wirklich sterben. Ich tue alles, was sie von mir verlangt.«
Und er ordnet an, daß alles so geschehe, wie es das Mädchen gewünscht hat.

Drüben auf der anderen Seite läßt der Arzt das Schiff reise-
fertig machen. Alles ist für die Abfahrt bereit. Die Prinzessin tritt neben den Sarg. Sie beugt sich zum Ohr des
Jünglings herab und sagt:

>   »Wenn du auch stirbst und auf dem Leichenbrett liegst
>   Und man dich wäscht und ins Leichentuch hüllt,
>   In den Sarg legt und auf den Leichenstein stellt,
>   Ich nehm dich doch nicht, ich nehm dich doch nicht.
>   Auf, Kapitän, nach Ägypten!«

Damit eilt sie fort, besteigt das Schiff und sticht unverzüglich in See. Nun erst versteht der Jüngling, was es mit all
dem für eine Bewandtnis hat. Er springt aus dem Sarg heraus.

»Das soll mir eine Lehre sein. Nun wurde mir Gleiches
mit Gleichem vergolten«, sagt er, kleidet sich rasch an und
läuft, so schnell er kann, zu seiner Mutter.

»Gott befohlen!« verabschiedet er sich, »ich fahre ihr
nach.«

Mit einem in höchster Eile bereitgestellten Segelboot se-
gelt er übers Meer bis nach Ägypten. Dort wirft er sich
dem Padischah zu Füßen:

»Gebt mir, so es Gottes Wille ist, Eure Tochter zur Frau!
Vergeltet mir nicht Gleiches mit Gleichem!« Der Padischah läßt das Vergangene ruhen und entgegnet ihm:

»Meine Tochter möge deine Frau werden!«

Danach wird vierzig Tage und vierzig Nächte lang Hochzeit gefeiert. Anschließend besteigen sie wieder ein Schiff
und nehmen Kurs auf den Jemen. Sie begeben sich zur
Mutter des Kronprinzen. Das Mädchen küßt der Sultanin
die Hand und bittet:

»Liebes Mütterchen, verzeih mir! Auch ich war eine Prinzessin. Dein Sohn hat mir viel Leid angetan, deshalb habe ich ihm eine Lehre erteilt.«

Damit sind sie am Ziel ihrer Wünsche angelangt, lassen auch wir uns hier nieder auf der Bank.

Der Apfelbaum

Hör dir an meine Geschichten! Was die Schöne mir antat, will ich berichten. Aus hübscher Hand milde Gaben, aus der Hand der Häßlichen Leid und Klagen.
Ich wurde Verzinner von Kochgeschirren, verzinnte so viele, da brachen ab von den Pfannen die Stiele. Ich wurde Arzt, verfertigte Pillen, vergiftete damit Leute, sie sind bewußtlos noch heute. Man hieß mich als Derwisch willkommen, fragte, woher ich gekommen. Man sagte zu mir: Törichter Mann, bleib doch in diesem Land, sieh es dir an! Wir besorgen dir ein schönes Weib mit schwarzglänzenden Locken, der Mondsichel gleich sind ihre Brauen, bleib bei ihr hocken, um sie zu küssen und den Ring an ihrem Finger anzuschauen. Ich küßte sie in größter Hast, stieg mit ihr hinauf. Da sah ich: ein Weib von dreimal dreißig, dem der Rotz aus der Nase hängt, ein Schreckgespenst. Die Alte ist mannstoll, das Gesicht mit weißer Schminke voll. Ich ging zum Vermittler: »Was hab' ich dir getan, daß du mir das angetan?« Ich nahm die Mütze in die Hand. »Bewahr mich Gott vor diesem Land!« sagte ich und machte mich auf und davon.

Es war einmal, es war keinmal, in alten Zeiten, längst vorbei, das Sieb lag drinnen in der Streu, da die Kamele als Ausrufer umhergingen und die Hähne mit dem Barbieren anfingen, ließ ich die Wiege meines Vaters knarrend schwingen.
In uralter Zeit lebte einst ein Sultan. Der hatte drei Söhne und besaß in seinem Garten einen Apfelbaum. Dieser Ap-

felbaum trug einmal im Jahr eine einzige Frucht. Jedes Jahr kam aber ein Drache, pflückte diesen Apfel und trug ihn fort. Eines Tages, als sich der Sultan zu Hause aufhielt, sagte er zu seinen Kindern:

»Drei Söhne habe ich, aber von dem Apfelbaum in meinem Garten konnte ich noch keine einzige Frucht essen.«

Der älteste Sohn meinte:

»Vater, dieses Jahr will ich den Apfelbaum bewachen, ich bringe dir ganz sicher den Apfel.«

Als nun die Zeit kam, in der das Obst reif geworden ist, nimmt in jener Nacht der älteste Sohn Pfeil und Bogen, Schild und Schwert und alle Waffen, die er vorfindet, setzt sich unter den Baum und wartet. Nach Mitternacht wirbelt's den Staub hoch wie dicken Rauch. Ein Gewitterregen, Blitze, dann ein ohrenbetäubendes Krachen; vor Angst läßt der Bursche Schild und Schwert und alle Waffen liegen und flieht. Der Drache nimmt den Apfel und trägt ihn fort.

Im nächsten Jahr beschließt der mittlere Sohn, beim Baum zu wachen. Auch er nimmt wie sein Bruder Schwert und Schild und alle übrigen Waffen und tritt unter dem Baum die Wache an. Wieder geht nach Mitternacht ein Wolkenbruch hernieder. Blitze zucken, der Wind heult und ein Getöse bricht los, daß er es nicht aushält und vor Furcht davonrennt.

Im dritten Jahr ist der jüngste Sohn an der Reihe. Er sagt zu seinem Vater:

»Vater, dieses Jahr will ich Wache halten.«

»Mein Sohn, du bist noch zu jung, schau doch, deine älteren Brüder haben unter dem Baum gewacht, sie sind zurückgekehrt, ohne etwas auszurichten. Du kannst auch nichts dagegen tun.«

»Doch Vater, ich will Wache halten.«

»Gut, mein Sohn, halte Wache. Aber wenn du dich fürchtest, lauf schnell davon!«

»Ja, Vater, wenn ich mich fürchte, renne ich sofort davon!«

Auch er nimmt Pfeil und Bogen, den hochzuverehrenden Koran und eine Kerze und setzt sich unter den Baum. Er entzündet die Kerze und fängt an, im Koran zu lesen. So verstreicht einige Zeit. Plötzlich braust der Sturm, ein Donnerschlag ertönt, und die Kerze verlischt. Der Bursche fürchtet sich überhaupt nicht, er betet und wartet zu. Da sieht er einen siebenköpfigen Drachen auf sich zukommen, der aus dem Maul Feuer speit. Der Prinz bereitet Pfeil und Bogen vor. Gerade wie der Drache den Apfel abpflücken will, ruft er: »Mit Gottes Hilfe«, schießt den Pfeil ab und trifft damit den einen Kopf des Drachen; der Drache flieht. Der jüngste Prinz pflückt den Apfel und bringt ihn seinem Vater:

»Nimm, Vater, ich habe dir den Apfel gebracht. Du mußt mir aber erlauben, daß ich dem Drachen nachgehe und ihn töte, sonst wird er überall Schaden anrichten, ich habe ihn nämlich nur verwundet.«

»Mein Sohn, laß das sein!«

»Nein, Vater, ich muß ihm unbedingt nach.«

Die älteren Brüder: »Wir gehen auch mit.«

Sie stehen alle drei früh auf, begeben sich zum Apfelbaum, verfolgen dort die blutige Spur des Drachen und gelangen auf die Spitze eines Berges. Dort ist der Drache in einen Brunnen gestiegen. Der Älteste sagt:

»Als erster werde ich hinuntersteigen.«

»Gut, steig hinunter!«

Sie binden dem Ältesten einen Strick um den Leib und lassen ihn in den Brunnen hinunter. Er ist noch gar nicht weit, da schreit er: »Um Himmels willen, ich erfriere, zieht mich hoch!« Sogleich ziehen sie ihn wieder nach oben. Nun möchte der Mittlere hinuntersteigen. Auch ihm binden sie einen Strick um die Hüfte und lassen ihn in den Brunnen hinunter. Kurz darauf hört man seine

Stimme: »Um Himmels willen, ich verbrenne, rettet mich um alles in der Welt!« Sie ziehen ihn ebenfalls heraus. Nun ist der Jüngste an der Reihe, der sagt:

»Ich steige jetzt hinunter, aber wie sehr ich auch schreie, zieht mich nicht zurück, laßt mich immer tiefer hinab!«

Sie lassen den Jüngsten hinunter. Wie er ein wenig tiefer kommt, spürt er, daß es sehr heiß ist, er beißt die Zähne zusammen, dann hält er es doch nicht aus und schreit; die Brüder sind auf ihn böse, weil er den Drachen verwundet hat, sie kümmern sich nicht um sein Schreien, sie lassen ihn hinunter bis auf den Grund.

Sobald der jüngste Prinz am Grund des Brunnen anlangt, sieht er dort einen Garten und in dessen Mitte, so groß wie eine ganze Stadt, ein riesiges Gebäude. Nachdem er sich kurz ausgeruht hat, betet er, nimmt Pfeil und Bogen und betritt dieses große Gebäude, geht die Treppe hinauf, öffnet die erste Tür und sieht da ein Mädchen, das vor einem Stickrahmen sitzt. Die ist für meinen ältesten Bruder bestimmt, sagt er und macht die Tür wieder zu. Er öffnet die Tür des zweiten Zimmers, schaut hinein, auch da sitzt ein Mädchen vor dem Stickrahmen. Die ist für meinen mittleren Bruder bestimmt, meint er und schließt die Türe wieder. Er öffnet die dritte Tür und blickt ins Zimmer: Da schläft ein Mädchen in einem Bett, an ihrem Kopfende steht ein goldener Kerzenleuchter, an ihrem Fußende ein silberner Kerzenleuchter. Er stellt den goldenen Kerzenleuchter ans Fußende, den silbernen ans Kopfende. Er selbst versteckt sich in dem Schrank. Als das Mädchen erwacht und sieht, daß die Leuchter vertauscht sind, sagt sie:

»Ganz sicher war ein Mensch herinnen. Menschenkind, wo du auch stecken magst, komm heraus!«

Der Junge kommt aus seinem Versteck hervor. Das Mädchen fragt ihn: »Bist du ein menschliches Wesen oder ein Geist? Von wo bist du gekommen?«

»Ich bin gekommen, den Drachen zu töten.«

»Um Himmels willen, bleib nicht hier, geh hin, wo du hergekommen bist! Der Drache ist verwundet. Wenn er aufwacht und dich sieht, zerreißt er dich in tausend Stücke.«

»Ich bin es, der ihn verwundet hat; ich will ihn töten, deswegen bin ich gekommen. Zeig mir sein Zimmer, mehr verlang' ich nicht.«

»Das Zimmer des Drachen befindet sich gegenüber. Schlag ihm den Kopf ab!«

Der Junge stößt einen lauten Schrei aus. Der Drache erwacht: »Du bist es? Ich habe überall nach dir gesucht, und nun kommst du selbst zu mir.«

»Ich bin gekommen, dich zu töten.«

Der Drache packt seinen Morgenstern, schleudert ihn auf den Burschen. Der springt zur Seite, zückt sein Schwert und haut dem Drachen den Kopf ab. Der Drache:

»Wenn du ein Mann bist, schlag noch einmal zu!«

»Meine Mutter hat mich nur einmal geboren.«

Würde er noch einmal zuschlagen, käme der Drache wieder zu Kräften. Deshalb schlägt er kein zweites Mal zu. Er schneidet die Ohren des Drachen ab und steckt sie in seine Tasche. Dann sammelt er alles ein, was an Wert schwer, an Last gering ist, und nimmt auch die Mädchen mit sich. Wie er beim Grund des Brunnens ankommt, ruft er seinem ältesten Bruder zu:

»Los, wirf den Strick herunter! Dieses Mädchen ist dir vom Schicksal bestimmt.«

Sie werfen den Strick hinunter und ziehen das Mädchen hoch. Jetzt ruft er dem Mittleren zu:

»Dieses ist für dich bestimmt.«

Er schickt auch sie hinauf. Nun ist die Reihe an seinem Mädchen. Da meint es:

»Erst steig du hinauf!«

»Wenn ich zuerst hinaufsteige, läufst du mir davon. Nein,

erst geh du!« Wie sehr sich auch das Mädchen bemüht, es gelingt ihr nicht, ihn umzustimmen. Sie sagt:

»Ich steige zuerst hinauf, aber vielleicht gönnen deine Brüder mich dir nicht. Hier gebe ich dir zwei Federn. Solltest du, nachdem ich fort bin, am Grund des Brunnens bleiben, so reibe die Federn aneinander! Daraufhin erscheinen zwei Böcke, einer schwarz und einer weiß. Besteigst du den weißen, gelangst du wieder ans Tageslicht, wenn du jedoch auf dem schwarzen aufsitzt, bringt er dich sieben Lagen tief unter die Erde.«

»Brüder, laßt das Seil herab! Das Mädchen, das jetzt kommt, ist für mich bestimmt.«

Als seine Brüder dieses Mädchen sehen, ärgern sie sich, daß er die Schönste hat. Während sie ihn dann hochziehen, lassen sie das Seil so am Brunnenrand wetzen, daß es durchgescheuert wird, und der Jüngste fällt wieder zurück, ganz tief hinunter in den Brunnen. Sie lassen ihn dort und machen sich auf den Heimweg. Den Mädchen schärfen sie ein: »Sagt unserem Vater nichts davon, sonst bringen wir euch um!« Sie treffen im Schloß ein, gleich fragt sie ihr Vater:

»Und wo ist denn euer jüngster Bruder?«

»Vater, der ist im Brunnen geblieben. Er wurde von dem Drachen zerrissen.« Der Vater weint und klagt.

Überlassen wir ihn jetzt seinem Kummer und hören wir, wie es dem jüngsten Prinzen weiter ergeht.

Der wird, da er nochmals in den Brunnen hinunterstürzt, ohnmächtig. Nach einiger Zeit kommt er wieder zu sich, öffnet die Augen, wendet sich nach rechts, wendet sich nach links, da fallen ihm die Federn ein, die ihm das Mädchen gegeben hat. Er reibt sie aneinander, sogleich erscheinen ein weißer und ein schwarzer Bock. Die Böcke springen ausgelassen herum; der Bursche möchte sich auf den weißen Bock schwingen, da besteigt er aus Versehen den schwarzen und gelangt sieben Lagen tief unter die Erde.

Während er da unten ist, wollen wir doch nachsehen, was seine Brüder treiben. Die streiten sich um das Mädchen des Jüngsten. Das Mädchen erklärt ihnen:

»Ich habe vierzig Tage Trauer, erst nach vierzig Tagen kann ich euch eine Antwort geben.«

Sie lebt also ganz zurückgezogen in ihrer Trauer, da können wir uns wieder dem Burschen zuwenden.

Sieben Lagen tief unter der Erde erblickt er eine Stadt, geht darauf zu, wandert darin ein wenig herum; dann klopft er an die Tür eines armseligen Häuschens, eine alte Frau kommt heraus.

»Großmutter, willst du mir für diese Nacht Unterkunft geben?«

»Ach, Sohn, wie soll ich dich beherbergen, ich besitze doch selbst nichts. Ich habe nur ein einziges Bett und in dem liege ich.«

Er gibt der Alten ein paar Goldstücke, da sagt sie:

»Aber freilich, mein Sohn, tritt nur ein, ich finde schon einen Platz, wo ich dich unterbringen kann.«

»Großmutter, gib mir ein Wasser zu trinken!«

Die Frau bringt ihm ein wenig Wasser, da bemerkt der Junge, daß darinnen Würmer schwimmen. Er fragt:

»Großmutter, habt ihr hier in diesem Land kein frisches Wasser?«

»Sohn, hier gibt es kein Wasser. Wir haben einen einzigen Brunnen, und den hat ein Drache in Besitz genommen. Morgen wird die Tochter des Sultans dem Drachen vorgeworfen. Solange er sie frißt, kann sich jeder sein Wasser holen.«

Der Bursche legt sich schlafen. Am Morgen gürtet er sein Schwert und begibt sich zum Brunnen. Er sieht dort die Menschen mit einem Gefäß in der Hand warten. Umgeben von ihren Dienerinnen erscheint die Prinzessin in schwarzem Gewand. Die Mädchen begleiten die Prinzessin bis in die Nähe des Brunnens und lassen sie dort allein zurück. Der Bursche tritt an sie heran und spricht: »Hab keine Angst! Ich werde dich vor dem Drachen erretten.« Gemeinsam mit ihr geht er auf den Drachen zu. Der freut sich schon:

»Habe ich diesmal sogar zwei bekommen?«

Der Bursche: »Jetzt werde ich es dir zeigen!«

Sie kommen dem Drachen noch näher, der Bursche zieht sein Schwert und schlägt ihm den Kopf ab. Die Prinzessin taucht ihre Hand ins Drachenblut und malt auf den Rükken des Burschen ein Zeichen. Dann eilt sie, so schnell sie kann, nach Hause. Wie ihr Vater sie sieht, fragt er:

»Meine Tochter, warum bist du wiedergekommen? Jetzt muß unser ganzes Volk an Wassermangel sterben.«

»Vater, Gott hat einen Mann geschickt. Der hat den Drachen getötet. Schau doch, aus dem Brunnen fließt Wasser!«

»Meine Tochter, kannst du diesen Mann erkennen?«

»Ich habe auf seinen Rücken mit Blut ein Zeichen gemalt, Vater.«

Der Ausrufer wird ausgeschickt, um zu verkünden:

»Wer den Drachen getötet hat, soll in den Palast kommen!«

Sie warten einen Tag und noch einen Tag, niemand erscheint. Diesmal erteilt der Sultan den Befehl, daß jedermann vor dem Palast vorbeiziehe. Das ganze Volk zieht am Palast vorüber, und die Prinzessin schaut vom Balkon aus zu; jener Bursche ist nicht dabei. »Fehlt noch jemand?« erkundigen sich die Boten des Sultans.

»In dem Haus dort beherbergt die Alte einen Gast, der ist noch nicht vorbeigezogen.«

»Geht und holt ihn!«

Man holt auch ihn. Sobald die Prinzessin den Burschen unten vorbeigehen sieht, wirft sie ihr Taschentuch auf ihn. Sogleich wird er hinauf ins Schloß gebracht. Der Sultan:

»Du hast sowohl meine Tochter als auch die gesamte Ein-

wohnerschaft einer großen Stadt gerettet. Wünsche dir
von mir, was immer dein Herz begehrt!«

»Deine Gesundheit, mein Gebieter.«

»Meine Gesundheit nützt dir nichts. Bringe deinen
Wunsch vor!«

»Mein Gebieter, gib mir ein paar Tage Bedenkzeit, dann
will ich meinen Wunsch äußern.«

»Es sei. Einstweilen bist du mein Gast.«

Der jüngste Prinz wohnt nun im Palast und wird dort
reichlich bewirtet. Eines Tages ruht er sich während der
Mittagsstunde im Schatten einer Pappel aus. Er hört Vo-
gelstimmen. Wie er sich aufrichtet, sieht er, daß sich in
dem Baum das Nest des smaragdenen *Anka*-Vogels befindet; eine Schlange windet sich den Baum hinauf, sie wird
die Jungen verschlingen. Sogleich reißt er seinen Bogen
heraus, schleudert einen Pfeil ab, und die Schlange fällt zu
Boden. Er legt sich wieder in den Schatten der Pappel und
schläft. Sobald es Abend wird, kehrt die Mutter der Vögel
zurück. Wie sie unter dem Baum einen Menschen liegen
sieht, denkt sie: »Also der ist es, der jedes Jahr meine Jungen auffrißt.« Sie packt einen Felsbrocken, um den Burschen damit zu erschlagen, da rufen ihre Jungen in der
Vogelsprache:

»Mutter, Mutter, töte ihn nicht, er hat uns gerettet! Siehst
du nicht die Schlange, die neben ihm liegt?«

Der smaragdene Anka-Vogel sieht nun auch die Schlange
auf dem Boden. Er bemerkt, daß der Schatten des Baumes
weitergewandert ist und Sonnenstrahlen auf das Gesicht
des Schläfers fallen. Deshalb breitet er seine Schwingen
aus und spendet dem Burschen Schatten. Sobald der erwacht, spricht der Vogel ihn an:

»Du hast meine Jungen gerettet. Wünsche dir von mir, was
immer dein Herz begehrt!«

»Mein Wunsch ist es, auf die Erde zurückzukehren.«

»Ach, ich nähere mich schon dem Ende meines Lebens,

aber trotzdem will ich dich hinauf auf die Erde bringen. Nur mußt du mir das Fleisch von vierzig Kamelen und vierzig Schläuche aus Kamelhaut, gefüllt mit Wasser, bringen.«

Der Bursche begibt sich sofort zum Sultan und sagt zu ihm:

»Mein Gebieter, ich wünsche mir von dir das Fleisch von vierzig Kamelen und vierzig Schläuche aus Kamelhaut, gefüllt mit Wasser!«

»Verlange von mir etwas anderes! Sieh, ich will dir meine Tochter zur Frau geben, dann wirst du der König dieses Landes.«

»Nein, gib mir nur das Fleisch und Wasser, mehr verlange ich nicht. Gott lohne es dir.«

»Es sei.«

Vierzig Kamele werden geschlachtet, vierzig Kamelhäute mit Wasser gefüllt. Mit alledem wird der smaragdene Anka-Vogel beladen, dann schwingt sich auch noch der Bursche auf seinen Rücken und los geht die Reise. Sobald der Vogel »gak« sagt, gibt er ihm Fleisch, sagt er »guk«, reicht ihm der Prinz Wasser. Sie haben nur mehr ein kurzes Stück bis zur Erdoberfläche, da verlangt der Vogel wieder Fleisch; wie der Junge sieht, daß das Fleisch zu Ende ist, schneidet er schnell ein Stück Fleisch von seiner Wade ab und gibt es dem Vogel. Nun hat ihn der Vogel also wieder hinauf ans Tageslicht gebracht, er sagt zu dem Prinzen:

»So, da sind wir. Du kannst jetzt gehen.«

»Flieg erst du, ich gehe dann schon.«

»Nein, erst gehst du!«

Der Bursche macht ein paar Schritte, aber er lahmt auf dem einen Bein. Da ruft ihn der smaragdene Anka-Vogel zurück:

»Komm! Komm her!«

Der Vogel holt das Fleisch des Jungen unter der Zunge hervor, klebt es an die Stelle, wo der es sich herausgeschnitten hatte, spricht dann auch noch ein Gebet und die Wunde verheilt. Der Bursche ist wieder stark wie ein Löwe, er macht sich auf in das Land seines Vaters.

Um sich das Aussehen des Kahlkopfs, des *Keloglan*, zu geben, stülpt er sich einen Schafspansen über das Haar. Er tritt in den Laden eines Goldschmieds:

»Meister, nimm mich doch als Lehrling an!«

»Schau, daß du weiterkommst, Keloglan, du Dreckskerl! Wenn du dableibst, verliere ich alle meine Kunden.«

»Meister, ich schwöre es, ich lasse mich vor niemandem blicken, ich bleibe immer in der hintersten Ecke. Wenn keine Kundschaft da ist, fege und putze ich den Laden und bringe dir Wasser. Du wirst keinen Schaden durch mich haben. Wenn du mir täglich ein Brot gibst, bin ich es zufrieden.«

»Also gut, dann komm! Vielleicht bringst du mir Glück.«

Drüben im Schloß werden die Vorbereitungen für die Hochzeit getroffen, denn die Bedenkzeit, die sich das Mädchen ausgebeten hat, ist bald um. Die beiden älteren Prinzen veranstalten jeden Tag ein *Dschirit*-Turnier. Bei diesem Spiel trachten die Reiter, sich gegenseitig mit Spießen vom Pferd zu werfen. Mit Trommeln und Klarinetten spielen die Musikanten auf, die Burschen vergnügen sich und lassen sich's wohlsein. Wie der vierzigste Tag zur Neige geht, fragen sie das Mädchen:

»Wen wirst du heiraten? Die Frist ist um.«

»Ich habe drei Wünsche, wer sie mir erfüllen kann, den nehme ich zum Mann.«

»Gut, sag deinen ersten Wunsch!«

»Auf einer goldenen Platte soll ein goldener Hase vor einem goldenen Windhund, der ihm nachjagt, fliehen.«

Der Vater der Prinzen läßt alle Goldschmiede kommen und befiehlt ihnen:

»Ihr müßt eine goldene Platte fertigen, die so und so ausschaut.«

»Mein Sultan, das ist ganz unmöglich. Auf einer goldenen Platte einen Windhund und einen Hasen, das läßt sich ja machen; aber wie soll der eine dem anderen nachjagen?«

»Entweder ihr führt meinen Befehl aus, oder ich übergebe euch dem Henker.«

Alle Goldschmiede machen sich weinend und klagend auf den Heimweg. Auch der Meister des Kahlkopfs ist in Tränen aufgelöst.

»Meister, was gibt's? Was bedrückt dich?«

»Schau, daß du weiterkommst! Ich bin ohnehin bald um einen Kopf kürzer, wenigstens von dir will ich nichts mehr hören und sehen.«

»Was ist denn geschehen? Wer nicht sagt, wo es ihn schmerzt, dem ist nicht zu helfen. Sag doch, welcher Kummer dich drückt!«

»Was ändert's schon, wenn ich es sage, Keloglan. Der Sultan verlangt von uns eine goldene Platte, auf der ein Hase und ein Windhund dargestellt sind. Der Hase soll davonrennen und der Windhund ihm nachjagen.«

»Aber Meister, nichts leichter als das. Kauf mir ein Kilo Pistazien, dann mache ich es für dich.«

»Keloglan, du machst dich auch noch lustig über mich«, sagt der Goldschmied und gibt ihm eine Ohrfeige.

»Meister, ich schwöre es dir, ich mache es. Warum schlägst du mich?«

Der Goldschmied denkt sich: Mein Kopf ist ohnehin nicht mehr zu retten, kauf' ich halt diesem Keloglan ein Kilo Pistazien.

Der Kahlkopf nimmt die Pistazien und legt sich schlafen. Des Morgens steht er auf und reibt die zwei Federn aneinander, die ihm das Mädchen gegeben hat. Da erscheint ein Mohr:

»Sollen wir schaffen oder zerstören?«

»Väterchen, nicht schaffen und nicht zerstören! Bring schnell die goldene Platte aus dem Haus des Drachen!«

Sofort trägt der Mohr die Platte herbei, der Kahlkopf stellt sie in den Schrank und legt sich auf sein Lager. Früh schon kommt sein Meister und ruft zur Tür herein:

»Keloglan! Keloglan!«

»Ja, Meister!«

»Steh auf! Was liegst du noch immer und schläfst?«

»Meister, ich habe die ganze Nacht gearbeitet und mich soeben erst hingelegt.«

»Was hast du denn verfertigt?«

»Öffne den Schrank und sieh es dir an!«

Der Goldschmied öffnet den Schrank und erblickt dort drinnen die goldene Platte, so wie sie sich der Sultan gewünscht hat. Sogleich eilt er damit zu seinem Herrscher.

»Mein Gebieter, ich habe deinen Befehl ausgeführt.«

Die goldene Platte wird dem Mädchen überreicht, sie meint:

»Es paßt. Der Meister ist noch einmal davongekommen.«

Wie der nächste Tag anbricht, sagt sie:

»Ich habe noch einen Wunsch.«

»Was denn?«

»Ihr müßt mir ein Kleid machen, das nicht mit einer Schere zugeschnitten und nicht mit einer Nähnadel genäht wird und in einer Pistazienschale Platz hat.«

Der Kahlkopf gibt seine Arbeit bei dem Goldschmied auf und tritt in die Dienste eines Schneiders. Er weiß nämlich schon im voraus, wie der zweite Wunsch des Mädchens lautet.

Der Sultan ruft alle Schneider zu sich:

»Ihr sollt ein Kleid anfertigen, das muß so und so sein.«

»Mein Gebieter, wie soll denn so etwas möglich sein? Das bringen wir nicht zusammen.«

»Entweder ihr macht es, oder ich lasse euch den Kopf abschlagen.«

Der Meister des Kahlkopfs betritt in finsteres Grübeln versunken seinen Laden.

»Meister, was hast du? Bedrückt dich etwas?«

»Schau, daß du weiterkommst, Keloglan!«

»Sag doch, was dir fehlt. Wer nicht sagt, wo ihn der Schuh drückt, dem kann nicht geholfen werden.«

»Was soll ich dir schon viel sagen, Keloglan. Der Sultan wünscht ein Kleid, das nicht mit der Schere zugeschnitten und nicht mit der Nähnadel genäht wurde und in einer Pistazienschale Platz findet.«

»Aber Meister, nichts leichter als das! Kauf mir ein Kilo Pistazien, ich will das Kleid sofort anfertigen.«

Der Schneider glaubt ihm nicht, aber er denkt: Mein Kopf ist so und so nicht mehr zu retten, kaufe ich eben diesem Keloglan ein Kilo Pistazien.

Der Kahlkopf nimmt die Pistazien, ißt davon die ganze Nacht, und sobald der Morgen graut, reibt er die zwei Federn aneinander. Da erscheint ein Mohr:

»Sollen wir schaffen oder zerstören?«

»Nicht schaffen und nicht zerstören! Bring aus dem Haus des Drachen die Pistazie mit dem Kleid darin!«

Sofort trägt der Mohr die Pistazie herbei. Der Kahlkopf legt sie in den Schrank. Kurze Zeit darauf kommt sein Meister:

»Was hast du gemacht, Keloglan?«

»Es ist fertig, Meister.«

»Wo ist es?«

»Im Schrank.«

Der Schneider nimmt die Pistazie und läuft damit zum Sultan. Nun sind auch die Schneider mit dem Leben davongekommen. Der Kahlkopf gibt seine Tätigkeit bei dem Schneider auf.

Das Mädchen äußert ihren dritten Wunsch:

»Es soll ein Dschirit-Turnier abgehalten werden. Wer als Sieger daraus hervorgeht, den werde ich heiraten.«

Trommeln und Klarinetten spielen auf, jeder nimmt sein Pferd und reitet damit auf den Turnierplatz. Der jüngste

Prinz steigt in ein Bachbett und reibt die zwei Federn aneinander, da erscheint der Mohr:

»Was wünschest du?«

»Ein weißes Pferd und ein weißes Gewand.«

Der Mohr bringt beides sogleich herbei. Der Bursche legt
die Kleidung an und begibt sich auf den Turnierplatz. Hier
haben sich schon zwei Reihen gebildet, auf der einen Seite
seine Brüder, die übrigen Teilnehmer auf der Gegenseite.
Dort ordnet auch er sich ein. Zuerst tritt sein ältester Bruder zum Kampf an, er wirft einen Spieß und macht sich aus
dem Staub. Der Jüngste holt ihn ein, schlägt ihm mit einem Holzprügel auf den Rücken, daß er zu Boden stürzt.
Es entsteht große Aufregung, alle sind entrüstet, daß der
Sohn des Sultans geschlagen wurde. Der junge Bursche
ergreift auf seinem Pferd die Flucht. Da sieht er den Goldschmied, bei dem er gearbeitet hat, und versetzt auch ihm
mit dem Prügel einen ordentlichen Schlag. Die Soldaten
setzen ihm nach, kriegen ihn aber nicht zu fassen. Der
zweite Tag bricht an, das Turnier soll fortgesetzt werden.
Der jüngste Prinz verlangt von dem Mohren ein schwarzes Pferd und ein schwarzes Gewand; er kleidet sich an
und eilt zum Platz. Da sieht er, daß sein ältester Bruder
nicht kommen konnte. Dieses Mal wirft sein mittlerer
Bruder den Spieß und flieht. Der Junge holt ihn ein, verprügelt ihn und wirft ihn vom Pferd. Es gelingt, ihn festzunehmen, man führt ihn vor den Sultan. Der fragt ihn:

»Warum schlägst du meine Söhne?«

»Wer Sieger ist, bekommt doch das Mädchen, oder?«

»Aber das gilt nur für die zwei Brüder, du kamst von aus-
wärts.«

»Wenn es aber nicht für zwei, sondern für drei Brüder gilt,
was dann?«

»Was soll das heißen?«

»Was das heißen soll? Hast du nicht drei Söhne? Diese
zwei und den dritten – mich?«

In diesem Augenblick tritt auch das Mädchen zu ihnen, und sie erkennen alle den Jüngling. Da bittet er seinen Vater:

»Sage meinen Brüdern nichts! Feiern wir weiter Hochzeit, jeder soll mit der Braut, die ihm das Schicksal bestimmt hat, zufrieden sein!«

Der Vater schlägt seinem Sohn diese Bitte nicht ab, und die Festlichkeiten gehen weiter. Sie feiern die Hochzeit vierzig Tage und vierzig Nächte lang, lassen sich's wohl sein bei Speis und Trank und sind am Ziel ihrer Wünsche, Gott sei Dank.

Die Prinzessin, die kein Geheimnis
für sich behalten konnte

☙❈☙❈☙❈☙❈☙❈☙

Es war einmal, es war keinmal
Verrückte Knechte Gottes gab es viele an der Zahl
Noch verrücktere als uns gab's nicht dazumal
Viel zu reden war eine große Sünde.
Mehr als wenig, mehr als viel
Hopp, das ist ein Kinderspiel
Ich lasse dir ein Hemd nähen aus Hälmchen von hüben
und drüben
Die Knopflöcher aus Melonenschalen, die Knöpfe aus
Rüben.

Es war einmal, es war keinmal. Einst lebten zwei sehr
arme Leute, die hatten keine Kinder. Eines Tages fleht der
Mann zu Gott:
»O mein Herr, schenk mir doch ein Kind, und sei es auch
eine Schlange!«
Der Mann hatte keinen richtigen Beruf, deshalb ging er in
die Berge Holzfällen; das Geld, das er auf dem Markt für
das Brennholz bekam, reichte gerade für ihren Unterhalt.
So schleppte er wieder einmal einen Armvoll Holz aus
dem Wald bis vor sein Haus, aber er bringt es beim Hoftor
nicht hinein, wie sehr er sich auch abmüht und plagt!
Schließlich ruft er nach seiner Frau: »Frau, komm schon
und hilf mir! Ich spür' das Alter, das Holz kann ich jetzt
auch nicht mehr tragen.«
Die Frau kommt brummend daher, nimmt einen Armvoll
und trägt ihn hinein. Gerade wie sie den zweiten Stoß
hochheben will, schlüpft aus dem Holz eine Schlange her-

vor, kriecht zum Herd und ringelt sich dort zusammen. Als der Mann die Schlange sieht, fällt ihm sein Gebet ein: »Frau, ich hatte mir vom Herrgott ein Kind gewünscht und dabei gesagt ›und sei es eine Schlange‹. Das wird es jetzt sein.«

»Also gut, da kann man nichts machen, sei's drum.«

Sie verkaufen einen Teil des Holzes und besorgen dies und das, was sie eben so brauchen. Für die Schlange kochen sie *Helwa*, einen süßen Mehlbrei, und decken sie mit alten Fetzen und Tüchern zu.

Wie die Frau in der Früh das Haus putzt und kehrt, findet sie dort, wo die Schlange geschlafen hat, ein Goldstück, damit kaufen sie Mehl und Getreide. Und so finden sie Tag für Tag ein Goldstück. Ihre Lage bessert sich zusehends, und diese armen Leute sind nun aller Sorgen ledig.

Es vergehen einige Jahre, da fängt eines Tages die Schlange zu sprechen an: »Lieber Vater«, sagt sie, »geh doch zum Sultan und richte ihm aus: ›Mein Sohn Mindilhava wünscht deine älteste Tochter zur Frau zu nehmen.‹ Du tust mir doch den Gefallen?«

Der Vater der Schlange begibt sich sogleich zum Schloß. Zu jener Zeit gab es vor jedem Königspalast drei Steine: der Stein für Gäste, der Stein für Durchreisende und der Stein für Brautwerber. War einer Gast, so setzte er sich auf den Stein für Gäste, war er Durchreisender, ruhte er auf dem Stein für Durchreisende aus, war er aber Brautwerber, so nahm er auf dem Stein für Brautwerber Platz. Der Vater der Schlange ging auf den Stein für Brautwerber zu und setzte sich darauf. Da eilten die Wächter des Sultans herzu und begannen ihn zu verprügeln:

»Warum hast du dich auf den Stein für Brautwerber gesetzt? Hättest du dich nicht auf den für Gäste oder Durchreisende setzen können?«

Der Sultan sah eben zum Fenster seines Palastes hinaus und ruft den Wächtern zu:

»Laßt ihn! Er soll zu mir kommen!«

Der Mann begibt sich geradewegs zum Sultan.

»Was ist dein Begehr, mein Sohn?«

»Mein Sohn Mindilhava bewirbt sich um Eure älteste Tochter, Herr.«

»Gut, er soll sie haben, aber ich stelle eine Bedingung. Dieser Berg da drüben muß vor mein Schloß zu stehen kommen, dann mag dein Sohn meine älteste Tochter heiraten.«

Als der Mann nach Hause kommt, erkundigt sich die Schlange:

»Was haben sie gesagt, Vater? Werden sie sie mir geben?«

Der Vater erzählt, welche Bedingung der Sultan gestellt hat:

»Mein Sohn, der Sultan wird dir seine älteste Tochter zur Frau geben, aber Voraussetzung dafür ist, daß der gegenüberliegende Berg an den Platz vor dem Schloß gerückt wird.«

»Wird gemacht, Vater! Geh du nur ruhig an deine Arbeit!«

Am nächsten Morgen beim Erwachen sieht der Sultan, daß der Zugang zu seinem Schloß versperrt ist, denn der Berg steht mitten davor. Der Herrscher ist darüber sehr erstaunt, sogleich sendet er eine Botschaft in das Haus des Mannes:

»Der Berg soll wieder an seinen alten Platz zurückversetzt werden, dann möge meine Tochter als Braut bei euch einziehen!«

Der Berg rückt sogleich an seine frühere Stelle, der Sultan hält sein Wort, und sie holen das Mädchen zu sich. Sobald die Nacht hereinbricht, schließen sie die Prinzessin in ein Zimmer ein. Die erwartet nun ihren Mann, da kriecht bei der Tür eine Schlange herein. Wie das Mädchen die Schlange sieht, rennt sie davon, eilt ins Haus ihres Vaters, der fragt sie besorgt:

»Meine Tochter, warum bist du zurückgekommen?«

»Vater, dort gehe ich nicht hin, der Mann, dem du mich zur Frau gegeben hast, ist eine Schlange.«

»Hättest du doch ein wenig ausgeharrt, meine Tochter! Wer vor dem Kloster wartet, bekommt auch sein Süppchen.«

Ein, zwei Wochen vergehen, da sagt die Schlange zu ihrem Vater:

»Dieses Mal verlangen wir vom Sultan seine mittlere Tochter, er wird sie mir wohl zur Frau geben.«

Der Vater wirbt für seinen Sohn um die mittlere Prinzessin, der Sultan schreibt wieder eine Bedingung vor:

»Ihr müßt den Fluß Tschoruh an meinem Palast vorbeifließen lassen.«

Am nächsten Tag beim Erwachen bemerkt der Sultan, daß der Tschoruh die Grundmauern seines Schlosses unterspült.

»Das Wasser soll zu fließen aufhören! Ihr könnt meine Tochter haben.«

Das Wasser versiegt, sie nehmen die mittlere Prinzessin zu sich. Am Abend sperren sie sie ebenfalls in ein Zimmer. Das Mädchen wartet, endlich geht die Türe auf, und eine Schlange windet sich herein. Die mittlere Prinzessin läuft auch davon, geradewegs ins Haus ihres Vaters:

»Vater, dort gehe ich nicht hin, der Mann, dem du mich zur Frau gegeben hast, ist eine Schlange.«

»Hättest du doch ein wenig ausgeharrt, meine Tochter! Wer vor dem Kloster wartet, bekommt auch sein Süppchen.«

»Ach was, Vater! Ich mag weder vor dem Kloster warten noch ein Süppchen essen.«

Weitere zehn Tage vergehen. Dieses Mal schickt die Schlange ihren Vater ins Schloß, damit er um die jüngste Prinzessin freie. Der Sultan spricht wieder eine Bedingung aus: »Gegen sieben Kamelladungen Gold bekommt dein Sohn meine jüngste Tochter zur Frau.«

Am selben Tag, um die Zeit des Abendgebetes, machen sich die Schlange und ihr Vater auf den Weg und gelangen zu einer Eiche. Dort liegt ein Mühlstein. Die Schlange steckt den Kopf durch die Öffnung des Steins und zieht ihn wieder heraus. Unmittelbar darauf erscheinen zwei Mohren:

»Sollen wir zerschlagen oder zerbrechen?«

»Nicht zerschlagen und nicht zerbrechen! Beladet sieben Kamele mit Gold, ich nehme sie gleich mit.«

Am folgenden Morgen stehen vor dem Palast des Sultans sieben mit Gold beladene Kamele und warten wiederkäuend, daß man sie einläßt. Der Sultan trennt sich auch von seiner jüngsten Tochter, sie führen sie zu sich nach Hause und setzen sie in dasselbe Zimmer. Die Prinzessin wartet einige Zeit, sie sieht, daß niemand erscheint: »Ach was«, denkt sie, »ich richte das Bett her, wenn er kommt, ist's gut, wenn nicht, schlafe ich eben allein.«

Sie ist schon am Einschlafen, da öffnet sich die Tür des Schranks, und eine Schlange fällt mitten ins Zimmer. Das Mädchen sieht sich die Schlange lange an:

»Na ja, da kann man nichts machen, das ist eben mein Schicksal.« Sie nimmt die Decke, breitet sie über die Schlange, sie selbst legt sich auf das Bettlager. Drei Nächte verbringen sie so. In der vierten Nacht streift sich die Schlange die Haut ab und wird zu einem Feenjüngling, wie es keinen schöneren geben kann. Das Mädchen verliert das Bewußtsein, der Jüngling erweckt sie gleich wieder aus ihrer Ohnmacht.

Inzwischen sind sechs Monate vergangen, die älteren Prinzessinnen sagen zum Sultan:

»Vater, du hast unsere Schwester einer Schlange zur Frau gegeben, schick doch einen Boten, sie möge uns besuchen kommen. Wir wissen ja gar nicht, ob die Schlange sie gebissen oder gar getötet hat.«

Auf die Nachricht hin, die ihr aus dem Schloß übermittelt

wird, sucht die Prinzessin ihren Vater auf. Ihre Schwestern kommen auch, sie zu begrüßen, da sehen sie, daß sich die Jüngste in guter Hoffnung befindet. Der Sultan teilt seiner Tochter mit:

»Morgen früh findet ein *Dschirit*-Spiel statt (bei einem solchen Turnier trachten die Reiter, sich mit Spießen gegenseitig vom Pferd zu werfen). Sag meinem Schwiegersohn, daß er auch daran teilnehmen soll!«

Die Prinzessin teilt ihrem Mann die Worte ihres Vaters mit. Der meint daraufhin:

»Ich besteige ein feuerrotes Roß und kleide mich in ein feuerrotes Gewand, du darfst es aber um Himmels willen niemandem sagen!«

Am Morgen kleidet er sich in ein feuerrotes Gewand, besteigt ein feuerrotes Roß und begibt sich auf den Turnier-Platz. Die Prinzessinnen sehen von den vorderen Palastfenstern aus dem Wettkampf zu. Der Reiter auf dem feuerroten Pferd im feuerroten Gewand schlägt so zu, daß er jeden bezwingt; er wirft alle in den Staub. Die beiden Schwestern sagen zu der Jüngsten:

»Du dummes Ding, ausgerechnet eine Schlange mußtest du heiraten! Hättest du nicht einen solchen Jüngling zum Mann nehmen können, daß wir uns rühmen dürften: ›Und der da ist unser Schwager!‹«

»Na und? Da kann man nichts machen, das war eben mein Schicksal.«

Für den nächsten Tag wird der Bursche neuerlich aufgefordert, sich an einem Dschirit-Turnier zu beteiligen. Er ruft seine Frau und schärft ihr ein:

»Ich besteige ein schwarzes Roß und kleide mich in ein schwarzes Gewand, laß aber um Gottes willen nichts verlauten!«

In aller Frühe kleidet er sich in ein schwarzes Gewand, besteigt ein schwarzes Roß und reitet zum Turnierplatz. Wieder bezwingt er mit seinen Schlägen jeden seiner Gegner; er wirft sie alle in den Staub. Die beiden Schwestern wenden sich an die Jüngste: »Du verfluchtes Ding! Hättest du nicht einen Mann heiraten können, so einen wie diesen Jüngling? Dann hätten wir stolz ausgerufen: ›Und der da ist unser Schwager!‹«

»Na wenn schon! Da kann man nichts machen, das war eben mein Schicksal.«

Am dritten Tag ermahnt der Jüngling seine Frau nachdrücklich: »Ich besteige ein weißes Roß und kleide mich in ein weißes Gewand, aber sage nichts! Wenn du es verrätst, bist du nicht mehr meine Frau.«

Er kleidet sich in ein weißes Gewand und besteigt ein weißes Roß. Er bezwingt alle, wirft alle in den Staub. Die Schwestern fangen wieder an, auf die Jüngste einzureden: »Du blödes Ding, wenn dein Mann doch wenigstens ein Jüngling wie der gewesen wäre!« Kaum haben sie das gesagt, als das Mädchen ausruft:

»Jetzt seid endlich still, der da ist ja mein Mann!«

In diesem Augenblick bricht ein solches Unwetter los, tobt ein solcher Sturm, daß das Mädchen nicht weiß, wohin sie getrieben wird. Schließlich findet sie sich wieder in ihrem Zimmer. Sie weint und weint.

Nach einiger Zeit nimmt das Mädchen einen eisernen Stab in die Hand, zieht eiserne Schuhe an und macht sich auf den Weg. Sie wandert und wandert immer weiter fort. So lange ist sie schon gewandert, daß die Schuhe an ihren Füßen keine Sohlen mehr haben und der Stock in ihrer Hand nicht mehr größer ist als ein Finger. Sie begegnet einem wundertätigen Derwisch, der fragt sie:

»Meine Tochter, wohin des Weges?«

»Einen so herrlichen Jüngling habe ich verloren, ihn gehe ich suchen.«

»Trägst du etwas von ihm bei dir?«

»Ich habe seinen Ring.«

»Weiter vorne auf deinem Weg liegt ein Brunnen, zu dem

kommt seine Schwester, um Wasser zu holen. Wirf den
Ring in ihren Krug! Wenn dem Jüngling beim Wassertrin-
ken der Ring in den Mund kommt, wird er sich aufma-
chen, um nach dir zu suchen.«
Das Mädchen geht weiter und gelangt zu dem Brunnen.
Ein wenig später trifft auch die Schwester des Jünglings
dort ein.
»Schwester, reich mir deinen Krug, ich will einen Schluck
Wasser trinken.«
»Nein, du riechst nach Mensch. Wie soll mein Bruder aus
dem Gefäß trinken, aus dem du getrunken hast?«
»Beim Kopf deines Bruders, bei seinem Augenlicht, reich
mir den Krug, damit ich trinken kann.«
Auf diese Worte hin erhält sie den Krug, hebt ihn hoch, als
wolle sie trinken, und wirft dabei schnell den Ring hinein.
Wie der Jüngling von dem Wasser trinkt, das ihm seine
Schwester gebracht hat, kommt ihm der Ring in den
Mund. Er sagt:
»Sie ist gekommen, sie hat mich gefunden. Doch sie hat
viel durchgemacht.«
Er geht hin zum Brunnen, wo er das Mädchen findet, sie
sprechen miteinander, er erklärt ihr:
»Meine Mutter ist ein *Dev*, ein Riesenungeheuer. Sie hat
die Brüste über die Schultern nach hinten geworfen und
bäckt Brot. Geh hin zu ihr, saug an der rechten Brust,
umklammere die linke, saug an der linken Brust, umklammere die rechte! Sonst werden wir beide, du und ich, auf-
gefressen.«
Die Prinzessin tritt durch die Türe ein, eilt auf die Dev-
Frau zu, saugt an der rechten Brust, wobei sie die linke
umklammert, saugt an der linken Brust, wobei sie die
rechte umklammert. Auf die Art wird auch sie zum Kind
der Dev-Frau. Die verbirgt das Mädchen vor ihren Söh-
nen. Wie nun der Mann der Prinzessin hereinkommt,
fragt er seine Mutter, als wüßte er von nichts:

»Mutter, hier riecht es nach Menschenfleisch.«

»Aber nein, mein Sohn! Jeder fürchtet sich vor uns. Wer sollte sich da in diese Gegend wagen?«

»Mutter, sag die Wahrheit, es riecht hier nach einem Menschen.« Seine Mutter holt das Mädchen aus ihrem Versteck und zeigt sie ihrem Sohn:

»Das arme Ding hat sich hierher verirrt. Soll sie bei uns die Gänse hüten!«

»Gut, Mutter, soll sie die Gänse hüten!«

Der Bursche war aber mit der Tochter seiner Tante verlobt. Nachdem die Prinzessin zu ihnen gekommen war, ging er nicht mehr zu seiner Tante und kümmerte sich überhaupt nicht mehr um seine Verlobte.

Die Mutter des Burschen schickt die Prinzessin zu der Tante:

»Geh und hol von der Tante das Instrument! Wir feiern eine Hochzeit.«

Der Jüngling hatte immer von allem Kunde; sogleich stellt er sich der Prinzessin in den Weg:

»Was sie dir gegenüber als Instrument bezeichnen, ist die rußige Dose über der Herdstelle. Warte auf keinen Fall, man will dich hintergehen. Bring die Dose, so schnell du kannst, sonst wirft man dich den Riesenungeheuern zum Fraß vor!«

Das Mädchen gelangt an den angegebenen Ort, sieht die rußige Dose, packt sie und kehrt sofort um. Unterwegs wird sie neugierig:

»Was das wohl für ein Instrument ist?« fragt sie sich und öffnet die Dose. Zwei Fliegen schlüpfen heraus, die eine macht »tsss« und fliegt davon, die andere macht »vsss« und fliegt fort. Dem Mädchen wird angst und bange:

»Ach, mein Gott, was soll jetzt werden?«

Da der Jüngling auch davon Kunde erhielt, taucht er gleich neben dem Mädchen auf:

»Mädel, was hast du da angestellt?«

»Gar nichts. Ich hab' nur die Dose aufgemacht, da sind zwei Fliegen herausgeschlüpft. Eine machte ›tsss‹ und flog fort, die andere machte ›vsss‹ und flog davon.«

»O du Unglücksmensch! Fliegen, um Gottes Barmherzigkeit willen, kehrt an euren Platz zurück!« Die Fliegen kamen und krochen wieder in die Dose. Das Mädchen brachte das Instrument zur Dev-Frau. Die Mutter des Jünglings sagte zu ihr:

»Du wärest damit nicht zuwege gekommen, aber der es konnte, hat's geschafft.«

Die Dev-Frau gab der Prinzessin vier Säcke.

»Geh und fülle diese vier Säcke mit Federn! Sieh selbst zu, wo du sie findest. Ich will für meinen Sohn eine Decke nähen, wir erwarten seine Verlobte.«

Die Prinzessin nimmt die Säcke und macht sich weinend auf den Weg. Der Bursche gesellt sich zu ihr:

»Weine nicht! Komm, gehen wir zusammen!«

Sie steigen auf den Gipfel eines Berges. Dort fleht der Jüngling die Vögel an:

»Vögel, um Gottes Barmherzigkeit willen, fliegt doch dieses Jahr ohne Federn herum, kommt, werft eure Federn ab und flattert dann wieder fort!«

Alle Vögel kamen und warfen ihre Federn ab. Das Mädchen und der Bursche füllten sie in die Säcke. Die Prinzessin nahm zwei auf ihren Rücken, schleppte die anderen zwei hinter sich her und übergab sie der Dev-Frau. Die Mutter des Jünglings sagte:

»Auch das hättest du nicht allein zustande gebracht, aber der es konnte, hat's geschafft.«

Die Hochzeit begann. Die Riesenungeheuer packten die Prinzessin, tauchten sie von Kopf bis Fuß in Wachs und steckten ihr auf ihre zehn Finger zehn Kerzen. Dann brachten sie sie in die Kammer des Burschen. Sobald es Nacht wurde, schlossen sie den Feenjüngling und seine Kusine auch dort ein. Als die Kerzen bis zu den Fingern des Mädchens herunterbrannten, sprach sie: »Brennt, meine Finger, brennt! Brennt in der Liebe zu Mindilhava!« Das hört der Jüngling; sofort nimmt er ihr die Kerzen ab und steckt sie auf die Finger seiner Kusine. Er hebt die Prinzessin aufs Pferd, nimmt noch rasch zwei Rasiermesser und reitet mit ihr auf und davon.

Am Morgen kommt die Dev-Frau ins Zimmer. Da sieht sie, daß ihre Nichte verbrannt ist. Das andere Mädchen und ihr Sohn sind verschwunden. Daraufhin eilt die Tante des Burschen ihnen nach, um sie einzufangen. Wie sich seine Tante ihnen nähert, sagt der Jüngling zur Prinzessin: »Es liegt was Böses in der Luft, sieht doch einmal nach rückwärts, wer da kommt!«

Die Prinzessin wendet sich, schaut hinter sich und erblickt die Tante des Jünglings:

»Deine Tante kommt, ihre Unterlippe kehrt die Erde, ihre Oberlippe streift den Himmel.«

Der Bursche spricht sofort einen Zauberspruch und reibt die Rasiermesser aneinander; da ist der ganze Weg mit scharfen Klingen besät. Die Tante konnte ihnen nicht folgen, sie mußte umkehren. Die Mutter des Burschen fragte ihre Schwester:

»Schwester, na, und wo ist der Junge?«

»Die Wege sind alle mit scharfen Klingen bedeckt, ich konnte nicht mehr weitergehen.«

Diesmal machte sich die Schwester des Jünglings auf den Weg. Wieder hatte der Kunde davon:

»Schau doch, wer da kommt! Ich spüre etwas Schreckliches.«

»Deine Schwester kommt, ihre Unterlippe kehrt die Erde, ihre Oberlippe streift den Himmel.«

Unverzüglich verwandelte der Jüngling die Prinzessin in einen Baum und band das Pferd daran. Er selbst wurde zu einem Derwisch und setzte sich unter den Baum. Die Schwester kam heran und fragte:

»Vater Derwisch, sind hier auf einem Pferd ein Jüngling und ein Mädchen vorbeigekommen?«

»Nein, meine Tochter, ich sitze hier schon seit drei Tagen, und gar niemand ist vorbeigezogen.«

Das Dev-Mädchen kehrte um und ging zurück zu seiner Mutter.

»Na, wo sind denn dein Bruder und das Mädchen?«

»Ich begegnete einem Derwisch, der hat gesagt: ›Hier ist gar niemand vorbeigezogen.‹«

»Ach, daß du blind werden mögest! Das waren sie ja selber! Warum hast du sie nicht eingefangen und hergebracht?«

Jetzt macht sich die Dev-Frau selbst auf den Weg. Der Bursche fragt die Prinzessin:

»Sieh dich doch einmal um, ist nicht wieder was Gräßliches hinter uns her?«

»Ihre Unterlippe kehrt die Erde, ihre Oberlippe streift den Himmel, deine Mutter kommt.«

Der Jüngling zaubert sogleich ein Meer herbei, er bindet das Pferd am Ufer fest. Sich selbst und das Mädchen verwandelt er in Enten. Die schwimmen im Wasser umher. Die Mutter kommt und fragt:

»Enten, meine Enten! Wie seid ihr dort hinübergekommen? Sagt es mir doch, daß ich auch zu euch gelange.«

»Tod und Pest! Siehst du nicht den Mühlstein? Wir haben ihn um den Hals genommen und sind so herübergeschwommen.«

Die Mutter nimmt auch den Mühlstein um den Hals, stürzt sich ins Wasser, geht unter und ertrinkt.

»Wir sind gerettet! Auf ins Land deines Vaters!«

Sie gelangen in das Land des Sultans und leben dort in größtem Glück und ohne Sorgen.

Kitt

Damals gab es also einen *Keloglan*, was soviel bedeutet wie Kahlkopf. Und der Name unseres jungen Glatzkopfs war auch Keloglan. Der kam eines Tages in den Regen. Während er hin und her überlegte: »Was könnte ich nur tun, damit meine Kleider nicht naß werden?«, kam ihm plötzlich eine Idee. Sogleich zog er seine Kleider aus, legte sie auf einen Stein und setzte sich darauf. Natürlich kann's nun regnen, so viel es will, seine Kleider werden nicht naß! Sobald es zu regnen aufgehört hat, zieht er sie ganz trocken wieder an. Er setzt seinen Weg fort und begegnet einem Mann, der ist völlig durchnäßt. An unserem Keloglan ist kein einziges nasses Fleckchen. Als dies der Mann bemerkt, ist er höchst erstaunt: »Hör mal, Keloglan, Glatzköpfiger, wie machst du das bloß? Schau doch, ich bin unterwegs, und du bist unterwegs. Ich bin patschnaß geworden, aber du bist völlig trocken. Weißt du vielleicht ein Geheimnis? Wenn du mich dieses Geheimnis lehrst, will ich dich einen Klebespruch lehren.«
Der Kahlkopf grinste schlau:
»Ho, ho!« sagte er, »erst lehre du mich dein Geheimnis, dann werde ich dich meines lehren. Natürlich kenne auch ich einen Spruch, der vor dem Naßwerden schützt.«
»Komm, ich will es dir gleich sagen. Reich mir die Hand!« Keloglan streckt ihm die Hand entgegen, der Mann sagt »Kitt«, und die Hand des Kahlkopfs bleibt an der des Mannes kleben. Keloglan bekommt seine Hand einfach nicht mehr los. Kaum aber spricht der Mann »Löse dich!«, da sind seine Hände wieder frei. Der Kahlkopf lernt das,

probiert es einmal auch selber aus und sieht, daß der Spruch wirkt. Der Mann meint:

»Also, nun lehre auch du mich dein Geheimnis!«

»Nichts leichter als das. Sobald es zu regnen anfängt, ziehst du deine Kleider aus und legst sie auf einen Stein. Dann setzt du dich darauf. Hat der Regen aufgehört, ziehst du sie wieder an und spazierst in völlig trockenen Gewändern weiter.«

»Gott möge dich mit Blindheit strafen, Keloglan! Du hast mich ganz schön hereingelegt.«

Zufrieden zog der Kahlkopf weiter. Die längste Zeit schon hatte er im Sinne, die Tochter des Sultans zu heiraten. Aber gibt ein Sultan seine Tochter einem Kahlkopf zur Frau? Nein, kaum vorstellbar. Keloglan begibt sich geradewegs in den Palast, denn nun hält er seine Chance für gekommen. Soeben war die Hochzeit zwischen der Sultanstochter und dem Sohn des Wesirs gefeiert worden, die beiden haben gerade erst die Brautkammer betreten. Der Kahlkopf tritt hinter die Tür, ruft »Kitt«, und da bleiben doch tatsächlich Braut und Bräutigam aneinander kleben! Längst schon ist der Morgen angebrochen, aber weder Bräutigam noch Braut lassen das geringste von sich hören. Der Sultan schickt seine Diener:

»Geht doch einmal nachsehen, was ist denn mit unserem Schwiegersohn los?«

Die Diener öffneten die Tür, da sehen sie zu ihrer größten Verblüffung, daß das Brautpaar aneinander klebt. In dem Augenblick ruft der Kahlkopf nochmals »Kitt«, und die Diener können auch nicht mehr von der Stelle. Der Sultan schickt noch andere Leute. Aber es bleibt einfach ein jeder dort haften! In äußerster Erregung klagt der Sultan:

»Daß mir so etwas zustoßen mußte! Wer kann die nur voneinander lösen?«

Da trat einer vor, der wollte dem Sultan einen guten Rat geben:

»Mein Gebieter, bleibe Euch Eure Gesundheit erhalten! In dem und dem Dorf gibt es einen Hodscha, der ist ein Geisterbeschwörer. Wenn jemand helfen kann, ist er es. Laßt ihn kommen! Er soll die Sache in Ordnung bringen.« Sogleich befiehlt der Sultan seinen Soldaten, diesen Hodscha, der sich auf Geisterbeschwörung versteht, herbeizuschaffen. Wie sie mit ihm daherkommen, sieht das der Kahlkopf. Er ruft »Kitt«, und da bleibt der Geisterseher-Hodscha mit seinem Hintern am Sattel des Pferdes kleben. Er zappelt mit Armen und Beinen, er kommt einfach nicht herunter. Schließlich packen sie ihn und heben ihn mitsamt dem Sattel vom Pferd. Kann man sich von jemandem Hilfe erwarten, der sich selbst nicht zu helfen weiß? Nie und nimmer! Der Sultan zermartert sich das Hirn nach einem Ausweg. Da wird ihm gemeldet:

»In einem Dorf soundso lebt eine Frau, wenn jemand etwas ausrichten kann, ist sie es.« Der Sultan beauftragt Keloglan, diese Frau zu holen. »Wie Ihr befehlt, mein Gebieter!« gibt ihm der Kahlkopf zur Antwort und macht sich gleich auf den Weg. Er findet die Frau und begibt sich mit ihr auf den Rückweg. Sie gelangen an einen tiefen Fluß, der muß durchquert werden. Keloglan legt seine Kleider ab und watet durch das Wasser. Die Frau bleibt am anderen Ufer zurück und ruft ihm nach: »Keloglan, bring mich auch hinüber!«

»Mach es mir nach!«

Die Frau zieht sich ebenfalls aus und nimmt ihr Kleiderbündel unter den Arm. Während sie durch den Fluß durchgeht, schreit der Kahlkopf »Kitt«, und schon bleiben ihr die Kleider unterm Arm kleben. So setzen sie ihren Weg fort und treffen auch auf eine Karawane.

»Heda, Keloglan!« sagt der Karawanenführer, »Was soll denn das bedeuten?« Wie er mit der Hand auf die Frau zeigt, ruft der Kahlkopf »Kitt«, und die Hand des Karawanenführers klebt an der Frau fest. In der Karawane klebt einer am anderen. So ziehen sie ins Schloß ein. Der Sultan erblickt sie; zu seiner Bestürzung sieht er, daß die Neuankömmlinge in einer noch schlimmeren Lage sind! Gemeinsam mit seinen Leuten überlegt er hin und her, wer da wohl seine Hand im Spiel haben könnte. Bis einer meint: »Das kann niemand anders als der Keloglan gewesen sein.«

Sofort läßt der Sultan den Kahlkopf zu sich rufen: »Keloglan, hast du das angerichtet?«

»Ja, mein Gebieter, das habe ich getan. Wenn du mir deine Tochter zur Frau gibst, werde ich die Leute freilassen. Wenn du sie mir aber nicht gibst, bewirke ich, daß alle Menschen in deinem Reich aneinander festkleben.«

»Ich gebe dir mein Wort, Keloglan, du sollst meine Tochter haben, wenn du mich nur aus dieser qualvollen Lage errettest!«

Der Kahlkopf sagt »Löse dich!«, und im selben Augenblick sind die Menschen, die aneinander geklebt hatten, wieder frei. Jeder rennt, so schnell ihn seine Beine tragen, aus dem Schloß hinaus; alle ergriffen sie die Flucht. Zurück blieben nur der Kahlkopf und die Prinzessin.

Und auf die Art bekam Keloglan die Sultanstochter zur Frau. Vierzig Tage und vierzig Nächte lang feierten sie prächtigst Hochzeit und lebten herrlich und in Freuden.

Köses Hase

⚘✕⚘✕⚘✕⚘✕⚘✕⚘

Es war einmal, es war keinmal. In alten Zeiten lebte ein
Mann, dem kein Bart wuchs. Dieser *Köse*, was soviel heißt
wie der Bartlose, fängt eines Tages zwei Hasen. Den einen
läßt er im Hause, den anderen steckt er in einen Sack und
trägt ihn hinaus aufs Feld. Dann geht er zu seiner Frau und
sagt ihr:
»Heute erwarte ich auf dem Feld einen Gast. Bereite das
Essen vor!«
Der Gast kommt. Als es Mittag wird, nimmt Köse den
Hasen aus dem Sack und befiehlt ihm:
»Los! Lauf nach Hause! Die Frau soll ein Essen kochen
und es herbringen!« Dann läßt er den Hasen frei. Der läuft
auf die Berge zu und verschwindet. Kurze Zeit darauf
bringt die Frau das Essen. Der Gast ist der Meinung, daß
der Hase ihr die Nachricht überbracht hat. Das macht ihm
großen Eindruck. »Verkauf mir diesen Hasen!« sagt er zu
Köse. Der erwidert ihm:
»Ich habe keine Kinder. Dieser Hase nimmt mir die mei-
sten Wege ab, er macht Besorgungen und überbringt
Nachrichten. Wie sollte ich ihn da verkaufen?« Nun, Köse
läßt sich noch eine Zeitlang nötigen, dann verkauft er für
viel Geld den Hasen, den er im Haus eingesperrt hatte.
Der Mann nimmt den Hasen ebenfalls mit hinaus aufs
Feld. Sobald es Mittag wird, befiehlt er ihm:
»Los! Lauf, sag der Frau, sie soll das Essen bringen!«
Er läßt den Hasen aus dem Sack. Eilig hoppelt der Hase
davon. Der Mann wartet und wartet, aber niemand zeigt
sich. Schließlich geht er heim.

»Frau«, sagt er, »ich hab' dir doch mit dem Hasen Nachricht geschickt. Warum hast du das Essen nicht aufs Feld gebracht?«

»Mensch, bist du verrückt geworden?« erwidert ihm seine Frau. »Wie soll denn ein Hase eine Nachricht überbringen können?« Der Mann erzählt die ganze Geschichte, da meint die Frau:

»Ach, Mensch! Der Köse hat seinen Spaß mit dir getrieben.«

Der Mann ist darüber sehr aufgebracht: »Diesem Köse werd' ich's aber zeigen.«

Köse sieht ihn schon aus der Ferne den Abhang herunterkommen. »Den hat seine Frau aufgeklärt«, denkt er, »der will ich übel mitspielen.« Er füllt einen Schafsdarm mit Traubensirup und bindet ihn seiner eigenen Frau um den Hals. Daraufhin nimmt er eine Flöte in die Hand und erklärt:

»Hör zu! Wenn jetzt dieser Mann bei uns eintritt und ich dich anschreie: ›Du arbeitest viel zu langsam!‹, wirfst du dich zu Boden und ich ersteche dich. Dann pfeife ich auf der Flöte, damit du wieder aufstehst: ›Düttürü, düttürö! Fahr in die Höh!‹ Und du richtest dich dann langsam auf.«

Kurz darauf kommt der andere Mann zur Tür herein. Noch bevor er den Mund auftun kann, fällt Köse über seine Frau her: »Du arbeitest viel zu langsam!« Er wirft sie zu Boden und sticht mit dem Messer in den Schafsdarm, so daß der rote Traubensirup ausfließt. Dann nimmt er die Flöte und bläst darauf: »Düttürü, düttürö! Fahr in die Höh!« Und die Frau richtet sich wieder auf.

»Ach, was du da wieder hast!« meinte der Mann. »Verkauf mir doch diese Flöte!« Köse entgegnet:

»Damit kann ich meine Frau töten und zum Leben erwecken, so oft ich will. Diese Flöte verkaufe ich unter keinen Umständen.« Er läßt sich wieder ziemlich lange bitten. Schließlich verkauft er die Flöte für eine hohe Summe.

Der andere Mann begibt sich wieder heim. Er schreit seine Frau an:

»Du arbeitest viel zu langsam!« Gleich darauf wirft er sie zu Boden und ersticht sie. Nun pfeift er auf der Flöte, aber nichts rührt sich, die Frau steht nicht mehr auf. »Mensch! Der Köse hat mich wieder übers Ohr gehauen. Diesmal werfe ich ihn ins Meer.«

Er begibt sich in Köses Haus. Packt den Köse, fesselt ihn und steckt ihn in einen Sack. Dann schleppt er ihn zum Ufer. »Mensch! Bevor ich ihn reinwerfe, will ich ihn nochmal ordentlich verprügeln!« denkt er sich und geht, nach einem Stock zu suchen. Plötzlich brüllte Köse aus Leibeskräften:

»Ich nehm' sie nicht! Ich nehm' sie nicht!« Da kam gerade ein Hirte vorbei. Er trat an den Sack heran und fragte:

»Was sagst du da?« Köse antwortet ihm:

»Gleich wird ein Mann hierherkommen. Der möchte mir seine Tochter zur Frau geben. Aber ich nehme sie nicht.« Der Hirte sagt:

»Ich nehme sie.« Befreit den gefesselten Köse und kriecht selbst in den Sack. Köse bindet den Sack oben zu und treibt die Schafherde weiter. Der Mann hat einen Stock gefunden, er kehrt zu dem Sack zurück und drischt fest drauflos. Bei jedem Schlag schrie der Hirte im Sack: »Ich nehm' sie. Ich nehm' sie.« Als schließlich und endlich kein Laut mehr aus dem Sack drang, hob der Mann den Sack hoch und schleuderte ihn ins Meer. Sodann geht er zurück in sein Dorf.

Da sieht er zu seinem Erstaunen Köse, der eine Schafherde auf die Weide führt.

»Oh! Wie ist denn das möglich?« ruft er aus.

»Na, wie denn schon!« sagt Köse, »als du mich ins Meer befördertest, machte ich ›quick glick!‹ Da bekam ich von den Schafen vierzig Stück. Wenn du wüßtest, wie viele Herden es da unten im Meer gibt.«

Wie der Mann das hört, bittet er flehentlich:
»Oh! Köse! Bring mich auch dorthin!« Köse führt ihn
auch dorthin. Steckt ihn in den Sack, bindet ihn oben zu
und stößt ihn hinein ins Meer. All dessen Hab und Gut
verbleibt dem Köse. Der hat erreicht, was er sich
wünschte.

Der Mann,
der sich vor den Sternen fürchtete

࿋✕࿋✕࿋✕࿋✕࿋✕࿋

Es war einmal, es war keinmal. Es war einmal ein Mann, dem kein Bart wuchs, weshalb er auch *Köse*, der Bartlose, genannt wurde, der lebte zusammen mit seiner Frau. Dieser Mann tat überhaupt nichts; die Frau rackerte sich ab und Köse lebte von ihrer Hände Arbeit. Eines Tages sagt die Frau:

»Jedermann schuftet und plagt sich, um Geld zu verdienen. Wie soll denn das mit dir weitergehen? Den ganzen Tag sitzt du im Haus.«

»Frau, das ist nun eben meine Art, verstanden? Wenn es dir recht ist, bleib! Paßt es dir nicht, dann geh!«

Die Frau denkt sich was aus, wie sie ihm mitspielen könnte, um ihn loszuwerden. Dieser Mann fürchtete sich nämlich vor den Sternen. Eines Tages, als die Frau Brot bäckt, legt sie die Laibe auf die Türschwelle und sagt, sobald es dunkel wird, zu ihrem Mann: »He! Kerl! Ich bin müde, geh doch du und hol das Brot herein!«

»Was ist denn daran so anstrengend? Hol es selber!«

»Puh, Mann! Kannst nicht du es bringen?«

»Ich kann es nicht bringen.«

Da werden auch schon die Sterne sichtbar, und der Mann fragt: »Weib! Weib! Was aber, wenn mich die Sterne auffressen?«

»Mensch, warum sollten dich denn die Sterne auffressen? Wie ist denn so was möglich?«

»Doch, die Sterne fressen mich auf.«

»Mann, ich bin ja hinter dir. Bück dich und nimm das Brot!«

Wie er sich niederbeugt, um das Brot aufzuheben, gibt ihm die Frau von hinten einen Fußtritt, daß er hinausfliegt. Sie holt das Brot ins Haus und versperrt die Tür. Der Mann ruft:

»Um Himmels willen, Weib! Die Sterne haben mich gefressen. Mach doch die Tür auf, daß ich hineinkann!«

»Nein! Schau, daß du weiterkommst!«

Der Mann macht sich auf den Weg, er wandert und wandert immer weiter fort, bis er ins Land der *Devs*, der Riesenungeheuer, gelangt. Die Riesenungeheuer sind alle um den Brunnen versammelt. Sie fragen ihn:

»Bruder Köse, wo kommst denn du her?«

»Ich sehe mich nur ein wenig um; wenn ich etwas Passendes finde, will ich gegen Unterkunft und Verpflegung arbeiten.«

Ein Dev sagt zu ihm:

»Komm, tritt bei mir in den Dienst!«

Köse nimmt also bei diesem Riesenungeheuer die Arbeit auf. Er dient ihm eine Zeitlang, indem er die Schafe weidet und den übrigen Verrichtungen nachgeht. Eines Tages befiehlt ihm der Dev:

»Bruder Köse, nimm diesen Schlauch und hole uns darin beim Brunnen Wasser zum Trinken!«

Köse nimmt den Schlauch und geht damit zum Brunnen. Dort wendet er eine List an. Er füllt eine Schale Wasser in den Schlauch, bläst ihn dann auf und trägt ihn, lässig in der Hand schlenkernd, zurück. Wie die Riesenungeheuer sehen, daß er den Schlauch, den sie selbst nur mit Mühe schleppen, spielend daherbringt, staunen sie gewaltig. Sie sagen: »Bruder Köse, gib uns Wasser zu trinken!«

»Brüder, erst will ich trinken, dann könnt ihr das Wasser haben.«

Er setzt den Schlauch an den Mund; sobald die Luft aus dem Schlauch entwichen ist, fällt er in sich zusammen. Die Riesenungeheuer geraten in größte Verwunderung:

»Daß Gott dich nicht verdamme! Wir Devs trinken zu zehnt einen Schlauch Wasser in einem Tag, dieser Köse trinkt auf einen Schluck den ganzen Schlauch leer.«
Die Riesenungeheuer beratschlagen miteinander und kommen zu folgender Übereinkunft:
»Wir versuchen herauszubekommen, wo er daheim ist, dann liefern wir ihn dort ab.«
Sie fragen den Köse:
»Bruder Köse, als was hast du eigentlich gearbeitet?«
»Ich habe überhaupt nicht gearbeitet, ich bin immer nur im Haus gesessen. Dann gab es Streit zwischen mir und meiner Frau, ich ging davon, kam hierher und fand mich plötzlich mitten unter euch.«
»Wenn wir dich nach Hause bringen und dir auch noch ein wenig Geld geben, bist du damit zufrieden?«
»Und ob ich's zufrieden bin.«
Sie tragen Verschiedenes für ihn zusammen, stecken ihm auch noch einen Sack voll Geld zu. Dann übernimmt ein Dev die Führung, und nach einem langen Marsch gelangen sie schließlich zu Köses Haus. Der klopft an die Tür.
»Wer ist da?«
»Frau, mach auf! Ich bin's.«
»Wer bist du?«
»Ich bin Köse.«
Die Frau öffnet einen Spaltbreit die Tür und schaut heraus. Schnell rennt sie zurück ins Haus, denn Köse ist zusammen mit einem Dev gekommen. Köse und das Riesenungeheuer stehen vor verschlossener Tür. Um das Haus lief ein hölzerner Wehrgang. Da klettert der Köse hinauf, der Dev fragt ihn:
»Bruder Köse, was machst du da oben?«
»Mein Vater hat mir einen zentnerschweren Morgenstern hinterlassen, nach dem suche ich jetzt, um dich zu erschlagen.«
»Daß Gott dich nicht verdamme! Mich willst du töten?«

Unverzüglich nimmt der Dev Reißaus, eilt schnellstens zurück in sein Land. Zurück bleiben nur der Köse und seine Frau. Er ruft:

»Weib! Weib! Schau doch, ich hab' dir einen Sack voll Gold und auch noch einen ganzen Haufen Stoffe mitgebracht. Da staunst du, wieviel ich verdient habe?«

»Hast du diese Tat vollbracht oder ich?«

»Na hör, ich bin doch fortgezogen und hab' soviel verdient. Was hast denn du damit zu tun?«

»Hätte ich dich nicht hinausgeworfen, wärest du nicht mit all dem heimgekehrt.«

Nun, ab jetzt haben Mann und Frau aufeinander acht. Sie erwerben ziemlich viel Grund und Boden. Lassen sich's wohl sein bei Speis und Trank, denn sie sind am Ziel ihrer Wünsche, Gott sei Dank.

Der Hellseher

Wer mit der Habe flieht, wer mit der Herde zieht, wer ohne Acht in den Weingarten tritt, muß selbst dafür einstehn, wenn ihm was geschieht, mein Padischah! Die Wege sind verschnörkelt und verschlungen, das eine ist der Lüge, das andre der Wahrheit entsprungen. Wir wollen das ein Märchen nennen, damit es euch erfreut, müßt ihr es kennen. In längst vergangenen Zeiten lebte ein Mann, der zu allem unfähig war. Der überlegt sich eines Tages: »Das Beste ist wohl, ich geh' nach Istanbul.« Dort verdient jeder ein hübsches Stück Geld, aber er steht da ohne einen Groschen; er kann nichts, er weiß nichts. Er wird von trüben Gedanken befallen, und vor Hunger wird es ihm schwarz vor den Augen. Während er vor einer Bäkkerei steht und die Brote anschaut, merkt ein Vorübergehender, daß er hungrig ist, kauft ein Brot und gibt es ihm. Außerdem gibt er ihm noch Bleistift und Papier. Der Mann kauert sich in eine Ecke, verzehrt das Brot und spricht dabei vor sich hin: »Wenn er geht, wenn er kommt; er kommt, er zahlt, wenn er findet.« Der Mann kann auch weder lesen noch schreiben. Er sitzt da, hält Papier und Bleistift in der Hand und spricht mit sich selbst.

Es gab da eine Frau, deren Mann seit sieben Jahren in der Fremde arbeitete. Die war nun begierig zu erfahren, wann ihr Mann heimkommen würde. An jenem Tag wollte sie einen Hellseher aufsuchen, der ihr den Grund für das Fernbleiben ihres Mannes sagen sollte.

Zur damaligen Zeit saßen die Hellseher im Freien an den Straßenecken. Wie die Frau an einer Ecke vorbeigeht, bemerkt sie dort einen Hellseher, der mit einem Papier in der Hand auf und ab geht und unaufhörlich die gleichen Worte vor sich hinmurmelt: »Wenn er geht, wenn er kommt; kommt er, wenn er zu Hause findet; wenn er geht, wenn er kommt, kommt er, wenn er zu Hause findet.«

Die Frau fragt ihn: »Ist mein Mann jetzt zu Hause?«

»Wenn er geht, wenn er kommt, kommt er, wenn er zu Hause findet.«

»Ist er jetzt zu Hause, mein Mann?«

»Wenn er geht, wenn er kommt, kommt er, wenn er zu Hause findet; wenn er geht, wenn er kommt, kommt er, wenn er zu Hause findet.«

Die Frau begibt sich nach Hause, da sieht sie, daß ihr Mann schon auf sie wartet.

»Was dieser Hellseher gesagt hat, war die Wahrheit.« Sie bringt ihm zehn Lira. Der Hellseher merkt, daß das eine einträgliche Arbeit ist und bleibt dabei.

Nun ja. Was wird einer, der aus der Fremde heimkehrt, mit seinem Eheweib wohl machen? Nach dieser Nacht begibt sich die Frau ins Badehaus, um sich gründlich zu waschen. Das Bad ist gedrängt voll. Auch die Frau des Kriegsministers ist da. Der sind ihre Brillantohrgehänge abhanden gekommen.

»Wer hat sie genommen?«

»Sie sind doch nicht gestohlen worden?«

Die Frau, der am Vortag der Hellseher die Ankunft ihres Mannes mitgeteilt hatte, drängt sich gleich vor:

»Halt, halt! Wartet! Es gibt einen guten Hellseher, der hat nicht seinesgleichen. Ich geh' und hole ihn. Er findet heraus, wer die Ohrgehänge hat.«

Sie macht sich auf zum Hellseher, setzt ihn in einen Wagen und bringt ihn ins Badehaus. Der Hellseher befiehlt:

»Alle Frauen sollen sich nackt vor mir aufstellen; dann werde ich sagen, wer die Ohrgehänge hat.«

Die Frauen stellen sich in einer Reihe auf, auch die Frau des Kriegsministers. Der Hellseher schaut sich die Frauen an und spricht gleichzeitig:

»Ach, sie sind voller Haare, voller weißer Haare!«

Die Frau des Kriegsministers empört sich: »Was sind das für grobe Worte!« wickelt ihren Badeschurz um die Wasserschale und schlägt damit auf den Hellseher ein. Der rennt schnell davon. Die Frau, die ihn gebracht hat, ruft: »So warte doch! Vielleicht hast du ihn nicht richtig verstanden. Vielleicht sind sie in deinem Haar.«

Der Kopf der Frau des Ministers wird abgesucht – und da kommen die Brillantohrgehänge zum Vorschein. Als sie sich das Kleid auszog, waren sie in den Haaren hängengeblieben.

»Der ist aber ein guter Hellseher!«

Die Frau des Ministers läßt ihm zehn Lira überbringen.

Wovon sollen wir jetzt berichten?

Vom Kriegsminister. Der möchte sich wieder mit seiner Frau vergnügen. Sie sagt zu ihm: »Erst gestern hatte ich deinetwegen zehn Lira Verlust, was soll denn das heute wieder?«

»Was heißt das, du hattest zehn Lira Verlust?«

»Im Badehaus ist das und das passiert, dann hat der Hellseher uns ganz genau angeschaut und es herausgefunden.«

»Ha! Verflucht nochmal ... Ich finde kaum Gelegenheit, meine Ehefrau in aller Muße zu betrachten, und ein hergelaufener Kerl sieht sie sich von oben bis unten an.«

Am nächsten Morgen läßt der Minister alle Hellseher, die an den Straßenecken stehen, zu sich bringen. Er will jenen ausfindig machen und ihm den Kopf abschlagen.

Er umschließt mit der Hand einen kleinen Gegenstand und stellt den versammelten Hellsehern die Frage:

»Jetzt ratet einmal, was ich in der Hand habe?«

»Es ist eine geröstete Kichererbse.«

»Es ist kugelig.«

»Es ist lang.«

Kurz und gut, keiner errät es. Nun ist jener an der Reihe. Die beiden ersten Aufgaben hat er ja zufällig richtig gelöst. Er setzt zu einer Antwort an:

»Das erste Mal hüpfte der Heuschreck davon, das zweite Mal kam er auch davon, beim dritten Mal flog der Heuschreck ins Loch.«

Und wirklich war in der Hand des Ministers eine Heuschrecke!

»Verflucht nochmal! Dieser Hellseher ist aber ganz enorm!«

»Kein einziger hat es erraten, aber er hat es gewußt!«

Die Zuseher sind höchst verblüfft, der Kriegsminister ruft ihn zu sich und sagt:

»Komm! Ich stelle dich als Regierungshellseher ein!«

Er wird also staatlicher Hellseher, bekommt ein Gehalt ausgezahlt und auch eine Wohnung zugewiesen.

Eines Tages wird die Staatskasse ausgeraubt. Der Dieb kann und kann nicht ausfindig gemacht werden. Da fällt ihnen der Hellseher ein. Sie lassen ihn kommen und beauftragen ihn:

»So, Hellseher! Jetzt finde heraus, wer der Dieb war!«

Er weiß es auch nicht, denn eigentlich ist er ja gar kein Hellseher. Er legt sich folgendes zurecht: Ich werde sagen, sie sollen mir jeden Tag eine Gans bringen, durch vierzig Tage hindurch. Nachdem ich die Gänse aufgegessen habe, mache ich mich aus dem Staub. Was hält mich schon hier zurück? Sie werden mich auch nicht finden.«

Er führt seinen Plan aus:

»Bringt mir vierzig Tage lang jeden Tag eine Gans! Am vierzigsten Tag werde ich den Dieb nennen und das aus der Staatskasse entwendete Geld abliefern.«

Jeden Tag bekommt er seine Gans.

Die Staatskasse war von vierzig Personen geplündert worden. Die haben sich in eine Höhle im Wald zurückgezogen und können das Geld nicht verbrauchen. Sie haben Angst: »Dieser Hellseher macht uns den Garaus.« Jetzt wollen sie einmal abwarten, was er unternehmen wird. Gleich am nächsten Morgen wählen sie den Klügsten aus und schicken ihn zum Büro des Hellsehers:

»Geh einmal nachschauen, was er so tut!«

Gerade wie der Räuber ins Büro des Hellsehers hineinspäht, hat man den ersten Gänserich gebracht und vor den Hellseher hingestellt. Der sagt zu dem Diener, der ihm den Gänserich aus dem Regierungspalast gebracht hat:

»He! Merk es wohl, heute ist der eine gekommen!«

Der Räuber, der von draußen hineinschaut, glaubt, daß mit dem einen er gemeint sei: »Mensch, verflucht, der hat gehört, daß ich hergekommen bin, ich muß schauen, daß ich verschwinde.« Er kehrt zu seinen Genossen in die Höhle zurück und sagt: »Er hat gehört, daß ich hingegangen bin.«

»Das ist doch unmöglich!«

»Er hat's gehört, ich war auch verblüfft.«

»Geht morgen früh zu zweit!«

Am folgenden Morgen geben sie dem Räuber, der das erste Mal zum Büro des Hellsehers gegangen war, noch einen zweiten als Begleitung mit. Die beiden beobachten, was drinnen im Büro vor sich geht. Soeben war der zweite Gänserich eingelangt und vor dem Hellseher auf den Tisch gestellt worden. Der Hellseher sagt zu dem Diener, der die Gans bringt:

»Ha! Merk es wohl, jetzt sind's schon zwei!«

Er sagt ja nicht: zwei Gänse; deshalb meinen die Räuber, daß er von ihnen spricht. »Los! Hauen wir ab! Er weiß, daß wir zu zweit gekommen sind. Er führt was Böses im Schilde. Nichts wie fort!« Sobald sie wieder in der Höhle eintreffen, berichten sie, der Hellseher habe gewußt, daß sie zu zweit gekommen waren. Es wird beschlossen, sich am nächsten Morgen zu dritt auf den Weg zu machen. Da der Hellseher die Gänse zählt, weiß er, wie viele gekommen sind. Sie gehen zu viert hin, an jenem Tag langt der vierte Gänserich ein; sie gehen zu fünft, an dem Tag langt der fünfte Gänserich ein ... Endlich sind sie davon überzeugt, daß der Hellseher sie kennt und nur ein Spiel mit ihnen spielt, um sie alle ins Verderben zu stürzen. Sie beschließen, sich selbst auszuliefern. Zwei von ihnen begeben sich in das Büro des Hellsehers:

»Mein Herr, ...«

»Ich weiß, ich weiß; wo steckt ihr denn?«

»Dort in der Höhle im Felsen.«

»Ich weiß, dort in der Felsenhöhle; wie viele seid ihr denn?«

»Vierzig.«

»Ich weiß, ich weiß; habt ihr das Geld schon verbraucht?«

»Nein, noch nicht.«

»Ha! Ich weiß, ihr könnt es nicht verbrauchen. Kehrt jetzt in eure Höhle zurück und wartet auf mich! Morgen früh komme ich, hole das Geld und werde euch retten, ich verspreche es.«

Am folgenden Tag macht er sich mit Soldaten auf den Weg zur Höhle. Dort finden sie vierzig Leute und mitten unter ihnen das Geld. Sogleich bringen sie die Räuber und das Geld vor den Sultan.

Der Hellseher wendet sich an den Sultan:

»Mein Gebieter, ein langes Leben sei dir gewährt! Ich habe ein Anliegen.«

»Was ist denn das für ein Anliegen?«

»Diese Männer haben eine Verirrung begangen, sie werden es nicht mehr tun. Ich bitte dich, ihnen zu vergeben.«

»Gut, es sei ihnen vergeben. Wenn du mich darum bittest, will ich es ihnen gerne nachsehen.«

Der Hellseher rettet die Räuber, wie er es ihnen versprochen hatte. »So, und jetzt schaut, daß ihr weiterkommt!«

Inzwischen ist eine geraume Zeit verstrichen. Der russische Zar besitzt einen Ring, der ist sehr wertvoll. Dieser Ring kommt abhanden.

»Wer den nur genommen haben mag?«

Es gelingt ihnen einfach nicht, den Dieb ausfindig zu machen. Schließlich erinnert sich jemand, daß es in einem der Nachbarländer einen guten Hellseher gibt. Erst wird er ausgelacht. Aber da sich kein anderer Ausweg findet, beschließen sie doch, diesen Hellseher kommen zu lassen. Sie richten das Reisegeld und laden ihn ein.

Der Hellseher kommt nun in das Schloß des russischen Zaren. Da er ja kein richtiger Hellseher ist, überlegt er, wie er sich verhalten soll. Im ärgsten Fall kann er ja noch immer sagen: »Ich habe es nicht herausgefunden.« Der Zar ruft seinen besten Diener und sagt zu ihm:

»Du hast mir immer gut gedient, ab jetzt sollst du dem Hellseher dienen. Schick mir jemand anderen!«

Der Diener des Zaren bedient nun also den Hellseher. Der geht im Zimmer auf und ab und spricht mit sich selbst:

»Ich weiß, ich weiß.«

Der Diener wird immer kleiner, er weiß nicht, was sagen. Der Hellseher murmelt immer wieder die gleichen Worte: »Ich weiß, ich weiß.« Der Diener wirft sich ihm zu Füßen: »Du weißt es, daß ich den Ring habe. Verrate mich nicht! Mache mit mir, was du willst, aber verrate mich nicht!«

Sie holen eine Gans aus dem Gänsestall, brechen ihr ein Bein und lassen diese Gans den Ring verschlucken. Am Tag darauf tritt der Hellseher vor den russischen Zaren hin: »Ich habe den Ring gefunden.«

»Na, und wo ist er?«

»Treibt alle Gänse in den Garten hinaus, dann stecht die lahme Gans ab. Der Ring ist in ihrem Bauch.«

Sie machen alles genauso, wie er es gesagt hat, und finden den Ring im Bauch der lahmen Gans.

»Mann, Donnerwetter! Ob es wohl auf der ganzen Welt einen Hellseher seinesgleichen gibt?«

Auch der russische Zar zahlt ihm ein Gehalt aus. Nun macht sich der Hellseher auf und kehrt zurück in seine Heimat. Es gibt einfach nichts, was er nicht herausfindet. »Was sollen wir mit ihm am besten machen?« überlegt sich der Sultan und beschließt dann, ihm seine Tochter zur Frau zu geben. Vierzig Tage und vierzig Nächte lang wird Hochzeit gefeiert.

Ich war auch eingeladen. Vom *Keschkek*, dem Weizenbrei mit Fleisch, gab man mir für euch mit. Als ich einen Bach durchquerte, quakten die Frösche: »qua! qua!«, und ich verstand: »Laß es da! Laß es da!« Ich warf den Keschkek ins Wasser. Der Körper meines Esels war ein Strohhalm, seine Augen waren aus Glas und seine Beine aus Wachs. Als die Sonne hervorkam, ist mein Esel dahingeschmolzen.

Die drei Töchter

Es war einmal, es war keinmal. Vor langer Zeit lebte ein
Mann, der hatte eine einzige Tochter. Eines Tages begeg-
nete ihm auf seinem Weg ein Jüngling. Der redete ihn an:
»Gott zum Gruß, Onkel! Gibst du mir deine Tochter zur
Frau?« Der Mann, der den Burschen gut leiden mochte,
schlug ihm sein Begehr nicht ab:
»Gut, mein Freund, komm heute abend und hol sie dir!«
Kurz danach traf er einen anderen Burschen, der sich
ebenfalls um seine Tochter bewarb. Auch ihn wollte er
nicht kränken und sagte deshalb:
»Du sollst sie haben, mein Freund, komm heute abend!«
Er setzte seinen Weg fort, da hielt ihn wieder ein Jüngling
an und bat:
»Onkel, ich möchte deine Tochter heiraten.«
Der Mann war sehr verträglich, er brachte es nicht übers
Herz, jemandem eine Bitte abzuschlagen. Deshalb erwi-
derte er:
»Komm heute abend, mein Freund, und nimm sie mit!«
Wie er am Abend nach Hause zurückkehrt, fällt es ihm
schwer auf die Brust: Er hat drei Burschen sein Wort gege-
ben, aber er besitzt nur eine einzige Tochter. Was soll er
jetzt tun?
Noch bevor die drei Männer kommen, schließt er seine
Tochter im Ochsenstall ein. Der erste Bewerber ist eingetroffen. Sie sprechen über dies und das, schließlich meint
der Jüngling:
»So, Onkel, jetzt ist's an der Zeit, daß ich gehe. Gib mir,
was du mir versprochen hast!«

»Gut«, sagt der Mann, »ich hole gleich meine Tochter.«
Wie er nun in den Stall geht, findet er zu seiner größten
Überraschung drei Mädchen vor. Es hatten sich dort auch
noch ein Hund und ein Esel befunden. Die waren von
Gott in Mädchen verwandelt worden. Der Mann ist sehr
froh darüber. Auf die Art kann er seine Versprechen einlö-
sen. Er gibt den drei Freiern je eines der Mädchen zur
Frau.
Es vergehen ein, zwei Wochen, da überlegt sich der Mann:
»Ich will doch einmal nachsehen gehen, was meine
Schwiegersöhne machen.«
Er begibt sich zu dem einen. »Gott zum Gruß, Schwiegersohn!« sagt er. Sie reden von dem und jenem, dann fragt
der Mann:
»Nun, Schwiegersohn, wie bist du mit deiner Frau zufrie-
den?«
»Sie ist eine sehr gute Frau, Vater. Nur manchmal hört sie
nicht auf das, was man sagt. Auch dauert es oft sehr lang,
bis sie sich endlich von ihrem Platz erhebt. Und eigensin-
nig ist sie außerdem.«
»Aha, das ist der Esel«, denkt der Mann bei sich.
Dann sucht er den zweiten Schwiegersohn auf. Der ist mit
seiner Frau auch recht zufrieden. »Nur eines hat sie«, sagt
er, »sie knurrt mich oft an.«
»Aha, das ist der Hund«, meint der Mann im stillen.
Er bleibt einige Tage dort zu Gast, dann besucht er den
dritten Schwiegersohn.
»Der Friede sei mit dir, mein Sohn.«
»Und mit dir, Vater.«
»Dein Vater ist gekommen«, ruft der Bursche seiner Frau
zu.
»Richte das Essen und bring auch eine Melone! Ich will sie
gleich aufschneiden.«
Das Mädchen trägt eine Melone herbei. »Nicht die«, sagt
ihr Mann, »such doch eine größere heraus!«

Das Mädchen nimmt wortlos die Melone zurück, geht hinein in die Küche und bringt wieder eine Melone. Es ist aber dieselbe. Es gab nämlich nur eine Melone im Haus. Der Vater hatte aber die Sache durchschaut. »Das ist meine Tochter«, freute er sich. »Die weiß, was sich gehört. So ist's recht.«

Damit ist die Geschichte zu Ende.

Die Laus und der Floh

Es war einmal, es war keinmal. Einst lebten ein Lausweib-
chen und ein Flohmännchen. Die freundeten sich an, trie-
ben sich eine Zeitlang gemeinsam herum und faßten dann
den Beschluß, zu heiraten. Was sie auch taten.
Es vergingen die Tage und die Wochen. In dem Land, in
dem sie wohnten, fiel der Schnee und verstopfte den Ab-
zug der Rauchfänge. Der Floh stieg aufs Dach, um den
Schornstein vom Schnee zu säubern. Wie es geschehen
konnte, weiß ich nicht, aber der Floh versank im Schnee
und starb. Die Laus raufte sich in ihrer Verzweiflung die
Haare. Das sah ein Rabe, der gerade vorbeiflog: »Schwester Laus, was ist denn passiert, daß du dir die Haare
raufst?«
»Ein so strahlender Held wie mein Floh ist gestorben. Ist
es da zuviel, wenn ich mir die Haare raufe?«
»Dann sollen mir auch die Federn ausfallen!« Der Rabe
verlor sein ganzes Federkleid und flog davon. Er ließ sich
auf einer Pappel nieder. Die Pappel fragte ihn:
»Bruder Rabe, du kamst doch immer in deinem Federkleid hierher. Wo sind denn deine Federn hingekommen?«
»Ein so strahlender Held wie der Floh ist gestorben,
Dame Laus raufte sich die Haare, ist's da zuviel, wenn ich
mein Federkleid verliere?«
»Da will ich auch meine Blätter abwerfen.« So warf auch
die Pappel alle ihre Blätter ab.
Bald darauf kam ein Wolf hin zu dem Baum und sieht zu
seiner Überraschung, daß die Pappel keine Blätter hat. Er
fragte:

»He! Ich komme doch so oft hierher zu dir, du hattest immer Blätter. Warum hast du jetzt keine?«

»Ein so strahlender Held wie der Floh ist gestorben, Dame Laus raufte sich die Haare, der Rabe verlor sein Federkleid, ist's da zuviel, wenn ich meine Blätter abwerfe?«

»Dann fahre auch ich aus meiner Haut«, sagte der Wolf und fuhr aus seiner Haut. Er ging zu einer Quelle, um Wasser zu trinken. Die Quelle sprach zu dem Wolf:

»Du kommst doch so oft zu mir zum Waser, du hattest immer eine Haut. Aber jetzt hast du keine, warum?«

»Ein so strahlender Held wie der Floh ist gestorben, Dame Laus raufte sich die Haare, der Rabe verlor sein Federkleid, die Pappel warf ihre Blätter ab, ist's da zuviel, wenn ich aus meiner Haut fahre?«

»Dann will auch ich vertrocknen«, sagte das Wasser und versiegte.

Ein Mädchen wurde von seiner Mutter zur Quelle geschickt, daß es Trinkwasser hole. Wie es sich zur Quelle niederbeugt, sieht es, daß alles Wasser vertrocknet ist. Nachdenklich sprach das Mädchen vor sich hin:

»Ich füllte doch immer von hier Wasser ein, was ist nur mit dem Wasser geschehen?« Von dorther, wo es vertrocknet war, erscholl die Antwort des Wassers:

»Ein so strahlender Held wie der Floh ist gestorben, Dame Laus raufte sich die Haare, der Rabe verlor sein Federkleid, die Pappel warf ihre Blätter ab, der Wolf fuhr aus seiner Haut, ist's da zuviel, wenn ich vertrockne?«

»Dann werde auch ich die Krüge zerbrechen.«

Als das Mädchen nicht heimkam, ging die Mutter nachsehen. Da bemerkte sie, daß ihre Tochter die Krüge zerbrochen hat und daß es auch kein Wasser gibt. Ärgerlich fährt sie ihre Tochter an:

»Wo bleibst du denn so lange? Warum hast du die Krüge zerbrochen?«

»Ein so strahlender Held wie der Floh ist gestorben,

Dame Laus raufte sich die Haare, der Rabe verlor sein Federkleid, die Pappel warf ihre Blätter ab, der Wolf fuhr aus seiner Haut, die Quelle ist vertrocknet, ist's da zuviel, wenn ich die Krüge zerbreche?«

»Dann schneide auch ich mir die Brüste ab.« Und sie schneidet sich die Brüste ab. Sie gehen nach Hause, es wird Abend, da bemerkt der Mann, daß seine Frau keine Brüste hat:

»Frau, du hattest doch Brüste. Was ist geschehen, warum hast du sie abgeschnitten?«

»Ein so strahlender Held wie der Floh ist gestorben, Dame Laus raufte sich die Haare, der Rabe verlor sein Federkleid, die Pappel warf ihre Blätter ab, der Wolf fuhr aus seiner Haut, die Quelle ist vertrocknet, das Mädchen zerbrach die Krüge, ist's da zuviel, wenn ich mir die Brüste abschneide?«

»Dann will auch ich mir mein Dingsda abschneiden«, sagt der Mann, »das ist doch wohl nicht zuviel?« Er setzt das Messer an, schneidet sein Ding ab und wirft es weg. Da sterben sie auf der Stelle. Beide, Mann und Frau.

Die Schnecke

Rätsel:

Kommt da ein Hirsch daher, oder ist's was andres?
Es hat Hörner; ist's ein Büffel oder ist's was andres?
Es hinterläßt Aufzeichnungen; ist's ein Schreiber oder
ist's was andres? (Die Schnecke)

Eine aus dem Geschlecht der Schnecken kroch eines schönen Tages auf den Kehrrichthaufen und fand dabei eine
Kupfermünze. Sie wälzte sie im Mund so lange hin und
her, bis sie glänzte wie blankes Gold. »Was könnte ich mir
dafür kaufen? Was könnte ich kaufen?« überlegte sie.
»Kauf' ich ein Stück Fleisch, wird man Knochen dazu geben, kauf' ich den Schädel, hat er Rotz drauf kleben, kauf'
ich die Lunge, ist der Kehlkopf daneben. Am besten ist's,
ich kaufe mir Schönheitspflegemittel. Ich will mich
schminken und herausputzen und meine Reize spielen lassen.«
Sie besorgt also rote Schminke und weißen Puder und Lid-
schatten. Das streicht sie sich alles auf; dann macht sie sich
auf den Weg. Unterwegs begegnet sie einem Bauern. Der
fragt sie: »Wohin des Weges, Schleimschnecke?«
»Heiße ich denn Schleimschnecke? Würdest du dir was
vergeben, wenn du sagtest: ›langhaarige holde Maid,
Hochgewachsne im schönen Kleid?‹«
»Wohin des Weges, langhaarige holde Maid, Hochgewachsne im schönen Kleid?«
»Mich verkaufen.«
»Komm doch zu mir!«

»Womit schlägst du deine Frau?«

»Mit der Heugabel.«

»Nein, dann will ich dich nicht nehmen«, sagt sie und setzt ihren Weg fort. Nun begegnet sie einem Holzfäller. Der fragt sie auch, wohin sie unterwegs sei:

»Mich zum Verkauf anbieten.«

»Komm doch zu mir!«

»Womit schlägst du deine Frau?«

»Mit der Axt.«

Als die Schnecke erfährt, daß er seine Frau mit der Axt schlägt, will sie auch ihn nicht nehmen. Sie wandert weiter und trifft einen Hodscha. Auch er freit um die Schnecke; sie fragt ihn ebenfalls, womit er seine Frau schlage. Als er zur Antwort gibt, er schlage sie mit der Gebetskette, läßt sie auch ihn stehen. Sie geht weiter und weiter und begegnet schließlich einem Mäuserich. Auch ihm erzählt sie, wie sie heißt und wohin sie geht. Er freit ebenfalls um die langhaarige holde Maid, die Hochgewachsne im schönen Kleid. Sie fragt ihn: »Womit schlägst du deine Frau?« Und er gibt ihr zur Antwort: »Ich streichle sie mit meinem Schwanz.« Da heiratet sie den Mäuserich.

Eines Tages, als die Schnecke Wäsche wäscht, rutscht sie aus und fällt in eine Grube. Sie ruft die Vorübergehenden um Hilfe an und bittet sie: »Sagt doch dem Schnauzbart, wenn ihr ihm auf dem Markt begegnet, er möge rasch kommen!«

Der Mäuserich eilt zu seiner Schnecke:

»Kriecherling, reich mir den Arm!« Daraufhin antwortet ihm die Schnecke: »Ich bin dir gram.«

Darüber ärgert sich der Mäuserich und läßt sie in der Grube.

Seit jener Zeit kriecht die Schnecke in der Grube umher.

Hund, Fuchs und Kamel

⚚✄⚚✄⚚✄⚚✄⚚✄⚚

Rätsel:

> Stopft sich's auf dem Boden ins Maul
> und kaut es in den Wolken. (Das Kamel)

Ein Fuchs floh in allerhöchster Eile hinauf in die Berge.
Der Hund erblickte ihn und rannte ihm nach, um ihn zu
fangen. Beide waren vom schnellen Laufen so erschöpft,
daß sie nicht mehr weiterkonnten. Sie waren nicht im-
stande, sich zu rühren. Aus der Entfernung fragte der
Hund:
»Was ist denn passiert? Warum rennst du wie ein Irrer?
Noch bevor du mich gesehen hast, flohst du in allerhöch-
ster Eile?«
Der Fuch erwiderte:
»Weil man die Kamele zum Frondienst eingeteilt hat.«
Der Hund entgegnete:
»Was hat denn das mit dir zu tun, daß die Kamele zum
Frondienst angehalten werden? Du bist doch ein Fuchs.«
Darauf gab der Fuchs zur Antwort:
»Bis ich nachgewiesen habe, daß ich ein Fuchs bin, haben
sie mir längst das Fell über die Ohren gezogen.«

Als die Tiere des Waldes
die Katze zum Essen einluden

❧✂❧✂❧✂❧✂❧

Rätsel:

> Zwei Kaffeelöffel, ein abgerissener Faden,
> vier Stecken, ein Wollknäuel. (Die Katze)

Eines Tages stattete die Katze dem Fuchs einen Besuch ab.
Kurz nach ihr trafen auch der Wolf, der Schakal, das Wildschwein und der Bär ein in der Absicht, den Abend gemeinsam mit dem Fuchs zu verbringen. Der Fuchs weist
sie mit den Worten ab: »Heute beherberge ich einen Gast
mit Zwirbelbart, ich kann euch nicht einlassen.«
Den anderen läßt jetzt der Gedanke keine Ruhe: »Wer ist
wohl dieser Gast mit dem Zwirbelbart?«
»Das müssen wir herausbekommen«, sagen sie und beschließen, den Fuchs mitsamt seinem Gast für den nächsten Tag zum Essen einzuladen. Der Bär macht sich erbö-
tig, den Honig zu bringen, der Schakal will Weintrauben
beisteuern, das Wildschwein wird Mais herbeitragen und
der Wolf ein Lamm spendieren. Am nächsten Morgen senden sie den Hasen aus, daß er die Einladung überbringe.
Das Wildschwein und der Bär erklären sich bereit, die Zu-
bereitung des Mahls zu übernehmen.
Der Fuchs und sein Gast haben die Einladung angenommen. Sie machen sich auf den Weg; die Katze geht voran,
Fuchs und Hase folgen ihr nach. Wie sie so wandern, windet sich eine große Schlange über den Weg, die Katze
stürzt sich auf sie, packt sie und reicht sie nach hinten dem
Fuchs: »Nimm das für unser Frühstück!«
Ein Stück weiter des Weges springt sie auf ein nahe am

Boden fliegendes Rebhuhn los, erwischt es und übergibt es wieder ihrem Freund mit den Worten: »Nimm, das wollen wir uns zu Mittag schmecken lassen.«
Die Tiere, die das sahen, wurden von Furcht befallen. Besonders dem Hasen wurde es angst und bang. Er war nahe daran, in Ohnmacht zu fallen.
»Ich gehe voraus, die Köche verständigen«, wisperte er und gab Fersengeld. Dem Bären und dem Wildschwein, die das Essen vorbereiteten, erzählte er, was unterwegs geschehen war:
»Dieser Gast ist zwar klein und zart, aber nichts, was kriecht oder fliegt, ist vor ihm sicher.«
Da bemächtigte sich auch ihrer eine große Furcht. Der Bär klettert sofort auf einen Baum und versteckt sich. Das Wildschwein verbirgt sich unter dem trockenen Laub. Der Wolf läuft davon in den Wald.
Kurz darauf traf der Gast ein; weit und breit ist niemand zu sehen. Gerade will sich die Katze allein neben den Kesseln hinsetzen, da vernimmt sie das Rascheln der durch den Atem des Wildschweins aufgewirbelten Blätter, läuft hin, hält die Schnauze des Schweins, die aus dem Laub herausguckt, für eine Maus und stürzt sich darauf. Vor Schmerz springt das Wildschwein hoch, die Katze erschrickt und beginnt, den Stamm der Pinie hinaufzuklettern, auf die der Bär gestiegen ist. Der Bär auf dem Baum glaubt, sie gehe nun auf ihn los, und springt hinunter. Bär und Wildschwein laufen, was das Zeug hält, fort hinauf in die Berge. Die übrigen Tiere rennen ebenfalls, um sich zu retten, in alle Winde.
Der Fuchs setzte sich in einiger Entfernung auf einen Felsbrocken und wurde von Lachen nur so geschüttelt. Nach ziemlich langer Zeit trafen Wildschwein, Bär und Wolf wieder zusammen. Der Bär fing an zu berichten:
»Sie wollte mich zu Boden werfen, da sprang ich sofort selbst hinunter und rettete dadurch mein Leben, aber

mein Steißbein habe ich mir dabei geprellt.« Das Wild-
schwein erzählte:
»Von mir hätte sie auch beinahe eine Pfote und die
Schnauze erwischt. Irgendwie bekam ich auch noch den
Kesselhenkel um den Hals. Während ich von einem Bach
weiter zum nächsten rannte, glaubte ich zu verenden.«
Der Wolf klagte:
»Ich bin von einem Wald in den anderen geflohen und
habe dabei meine ganze Wolle eingebüßt.»
Als sie sich schließlich an den Fuchs wandten, um ihn zu
fragen, was denn er gemacht habe, gab der zur Antwort:
»Wie ich euch von diesem Felsbrocken aus zuschaute, ist
mir vor Lachen das Bauchfell geplatzt.«

Der Fuchs, der Krebs und die Schildkröte

ꕔꕔꕔꕔꕔꕔꕔꕔꕔꕔꕔ

Rätsel:

Obendrauf ein Backtrog, unterhalb ein Nudelbrett,
Mittendrin ein Pfaff mit Turban. (Die Schildkröte)

»Warum bewegst du dich im Rückwärtsgang?« fragte der
Löwe den Krebs. »So ist es leichter, ein Draufgänger zu
sein«, gab der zur Antwort.

Eines Tages taten sich ein Fuchs, ein Krebs und eine
Schildkröte zusammen, um gemeinsam ein Feld zu be-
bauen. Am Fuße eines Berges fanden sie einen Acker, der
recht guten Ertrag versprach. Als mit der Arbeit begonnen
werden sollte, sprach der Fuchs: »Halt! Hört mich an: Ich
will mich gegen diesen Berg lehnen, sonst könnte vielleicht der Fels herunterstürzen, und unsere ganze Mühe
wäre umsonst.«

Schildkröte und Krebs erklärten sich einverstanden. Während der Fuchs im Schatten des Berges ruhte, plagten sich
die armen Tiere ganze sechs Monate durch, unter der sen-
genden Sonne in Schweiß gebadet, um dem kargen Boden
Ertrag abzugewinnen. Schließlich sagten sie zum Fuchs,
er möge kommen, um die Ernte mit ihnen zu teilen.

Der Fuchs entgegnete: »So geht das nicht! Wir werden
jetzt von hier bis zum Dreschplatz ein Wettrennen veranstalten. Wer als erster dort ankommt, erhält den Weizen,
der zweite bekommt das Stroh und der letzte geht leer
aus.«

Schildkröte und Krebs blieb nichts anderes übrig, als zu-
zustimmen. Sie stellten sich auf der gegenüberliegenden

Seite in einer Reihe auf. Die Schildkröte hatte dergleichen schon vorausgeahnt und Vorsorge getroffen, indem sie ihrem Ehegespons die Sache erzählt und ihm aufgetragen hatte: »Du gehst dorthin, kriechst in den Getreidehaufen hinein. Sobald sie kommen, fängst du an, den Weizen zu messen. Sie werden dich für mich halten. Auf die Art gehört dann die Ernte uns.«

Sie stellten sich also in einer Reihe auf. Der Fuchs kommandierte: »Los!« In diesem Augenblick stieg der Krebs auf den Schwanz des Fuchses, und los ging's! Außer Atem kam der Fuchs als erster am Dreschplatz an, da sah er zu seiner größten Verwunderung, daß die Schildkröte schon dabei war, den Weizen zu messen.

»Um Gottes willen«, dachte er sich, »jetzt muß ich mich aber eilen, daß ich wenigstens das Stroh bekomme.« Gerade als er sich auf den Strohhaufen setzen wollte, schrie der Krebs: »He, Kerl, paß doch auf, setz dich nicht auf mich drauf!«

So hatte der Fuchs das Nachsehen.

Der Löwe wandert aus

Eines Tages trat sich der Löwe im Gebirge einen Dorn in den Fuß ein. Vor Schmerz stöhnte und ächzte er. Ein Wolf kam vorüber, den bat er flehentlich, ihm den Dorn aus dem Fuß zu ziehen. Der Wolf sagte: »Das tue ich nicht. Ich habe Angst. Wenn du wieder im Besitz aller deiner Kräfte bist, frißt du mich auf.«

Der Löwe versichert ihm, daß er ihm nichts zuleide tun werde. Er bittet so inständig, daß sich der Wolf bereit erklärt, den Dorn herauszuziehen, wenn er vorher den Löwen an den Füßen fesseln könne. Der Wolf zog zwar den Dorn heraus, aber er ließ den Löwen gefesselt zurück.

Wieder hält der Löwe nach jemandem Ausschau. Da sieht er einen Fuchs. Mit flehentlichen Bitten bringt er ihn dazu, ihm die Fußfesseln zu lösen. Sobald der Löwe sich wieder frei und ungehindert bewegen kann, eilt er schnurstracks in seine Höhle und ruft seiner Frau und seinen Jungen zu:

»Wir wandern aus. Los, macht euch fertig!« Wie seine Familie den Löwen nach dem Grund dieses plötzlichen Aufbruchs fragt, erwidert er:

»An einem Ort, wo ich vom Wolf gefesselt und vom Fuchs befreit werde, halte ich es nicht länger aus.«

Die Wunde, die die Zunge schlägt

☙✖☙✖☙✖☙✖☙✖☙

Eines Tages trug der Löwe eine Verletzung davon. Äch-
zend kam er einhergegangen, da begegnete ihm eine
Schildkröte.

»Was ist dir denn zugestoßen, mein Freund?« fragte die
Schildkröte den Löwen. Der erwiderte:

»Als ich mich beim Roten See herumtrieb, wurde ich verwundet. Meine Wunde ist sehr tief.« Daraufhin sagte die
Schildkröte:

»Gerade vorhin sind einige von uns dorthin jagen gegangen. Die werden's doch nicht gewesen sein, die dich getroffen haben?« Auf diese Worte hin stockte der Löwe,
stöhnte laut und sprach:

»Ach, an der Wunde wäre ich nicht gestorben, aber dieses
Wort tötet mich.«

Der Rabe, der sich einen Dorn
in den Fuß eintrat

Es war einmal, es war keinmal. Es war einmal ein Rabe. Der trat sich eines Tages einen Dorn in den Fuß ein. Er zog ihn heraus und brachte ihn zu einem alten Weib.

»Großmutter«, sagte er, »bewahrst du diesen Dorn da für mich auf?«

Das alte Mütterchen nahm den Dorn und legte ihn auf den Platz über der Feuerstelle. Sie wartete einen Tag, sie wartete den zweiten Tag; der Rabe ließ sich nicht blicken.

Eines Abends wollte sie ihre Lampe anzünden, der Docht der Lampe war hineingerutscht. Sie nahm den Dorn, um damit den Docht herauszuziehen; da verbrannte der Dorn. Genau in diesem Augenblick aber war der Rabe gekommen.

»Großmutter«, sagte er, »gib mir doch meinen Dorn!«

»Ach, mein Sohn, ich wollte den Docht der Lampe herausziehen, dabei ist dein Dorn verbrannt.«

»Oho! Ich will meinen Dorn wiederhaben!« Der Rabe setzte sich aufs Fenstersims und schrie stundenlang:

> »Den Dorn oder die Lampe
> Den Dorn oder die Lampe.«

Schließlich wurde es dem alten Weib zuviel: »Nimm die Lampe!« sagte sie. Der Rabe nahm die Lampe und flog mit ihr davon. Er brachte sie zu einem anderen alten Weib.

»Großmutter«, sagte er, »bewahrst du diese Lampe für mich auf?« »Gewiß, mein Sohn.«

Das alte Mütterchen molk jeden Abend ihre Kuh. »Ich nehme mir die Lampe des Raben«, dachte sie sich, »die gibt mir beim Melken Licht.« Sie stellte die Lampe hinter der Kuh auf den Boden und begann zu melken. Die Kuh schlug aus, und die Lampe zerbrach.

Schon nach kurzer Zeit kam der Rabe wieder: »Großmutter, wo ist denn meine Lampe?«

»Mein Sohn, ich hatte deine Lampe zum Melken mitgenommen. Da schlug die Kuh aus, und die Lampe ist zerbrochen.«

Der Rabe ließ nicht locker: »Ich möchte meine Lampe wiederhaben.« Nichts von allem, was das alte Mütterchen vorbrachte, wollte ihm einleuchen. Er setzte sich vors Fenster und schrie in einem fort:

»Die Lampe oder die Kuh
Die Lampe oder die Kuh.«

Dem alten Mütterchen dröhnte der Kopf. Sie sah ein, daß sie den Raben auf andere Art nicht loswerden konnte, und gab ihm die Kuh. Der Rabe begab sich mit der Kuh zu einem anderen alten Weib. »Großmutter, bewahre mir meine Kuh auf! Ich komme sie dann wieder holen«, sagte er.

Dieses alte Mütterchen wartete ebenfalls auf die Rückkehr des Raben, sie wartete einen Tag, zwei Tage, drei Tage, vom Raben keine Spur! Da um diese Zeit die Hochzeit ihres Sohnes stattfinden sollte, dachte sie sich: »Ich schlachte die Kuh des Raben und bewirte damit meine Gäste.« Sie tötete die Kuh, bereitete aus dem Fleisch die köstlichsten Speisen und setzte sie ihren Gästen vor. Die Kuh wurde restlos aufgegessen. Als hätte dieser Lump von einem Raben nur darauf gewartet, kam er angeflogen und ließ sich bei den Hochzeitsgästen nieder.

»Großmutter«, sagte er, »ich bin gekommen, meine Kuh zu holen.«

»Um Himmels willen, mein Sohn, als du nicht kamst, dachte ich, was soll ein Rabe schon mit einer Kuh anfangen? Bei uns gab's eine Hochzeit, deshalb habe ich deine Kuh geschlachtet.«

»Oho! Ich will meine Kuh wiederhaben«, beharrte der Rabe. Das alte Weib scherte sich nicht weiter um ihn, aber der Rabe krallte sich am Fenster fest und schrie in einem fort, stundenlang, ohne innezuhalten:

»Die Kuh oder die Braut
Die Kuh oder die Braut.«

Das alte Weib und die Hochzeitsgäste hatten das Ge-krächze satt. Sie gaben die Braut her und hatten ihre Ruhe. Der Rabe nahm die Braut und zog mit ihr von dannen. Auf einem Berge begegnete er einem Hirten. Der Hirte spielte auf seiner Schalmei. Der Rabe sprach: »Bruder Hirte, gib mir diese Flöte, dann gebe ich dir dafür diese Braut.« Der Hirte sah, daß es eine schöne Braut war, angetan mit dem Brautkleid und geschmückt mit der Brautkrone. Er nahm die Braut und gab dem Raben die Flöte. Der Rabe nahm die Flöte und begann darauf zu bla-sen. Er blies und sang dazwischen ein Liedchen:

»Düttürü, düttürü, düttürü
Für den Dorn bekam ich die Lampe.
Für die Lampe bekam ich die Kuh.
Für die Kuh bekam ich die Braut.
Für die Braut bekam ich die Flöte.
Düttürü, düttürü, düttürü.«

Väterchen Wesir

Es war einmal, es war keinmal. In alter Zeit gab es einen
Padischah, der hatte einen Sohn, der so wohlerzogen war,
daß ihn jeder mochte. Eines Nachts sah der Prinz im
Traum einen Derwisch, der ihm und einem Mädchen einen
Liebestrank einflößte.
Das Mädchen war die Tochter des Sultans eines weit ent-
fernten Landes. Wie er erwacht, denkt er, es ist ganz unmöglich, daß ich dieses Mädchen je zur Frau bekomme.
Aber er grämt sich sehr, wird dünn und bleich und schwä-
cher von Tag zu Tag. Der Padischah läßt die besten Ärzte
kommen, von überallher kommen die Heilkundigen, aber
keiner weiß einen Rat, keiner kann angeben, um welche
Krankheit es sich hier handelt.
Während nun der Prinz dahinsiecht, meldete sich auch der
Wesir des Padischahs zu Wort: »Ich kann deinen Sohn
wieder gesund machen«, sagte er zu dem Herrscher, »aber
du mußt ihn ganz mir überlassen. Er soll sein Lager in
meinem Haus aufschlagen.«
»Wenn er bei dir seine Gesundheit wiedererlangt, so geschehe alles, wie du es für gut hältst«, erwiderte der Padischah.
Matratze und Bettzeug, Kleider und Wäsche des Prinzen
werden in das Haus des Wesirs gebracht. Tagsüber geht
der Wesir auf die Jagd, erlegt einen Vogel, den bringt er
abends nach Hause, brät ihn und setzt ihn dem Jüngling
vor. Der kommt langsam wieder zu Kräften. »Sobald du
gesund bist«, sagt der Wesir, »findest du dir auch ein hübsches Mädchen, und ihr feiert eine prächtige Hochzeit.«

Da faßt sich der Prinz ein Herz und sagt: »Ach, Väterchen Wesir! Nie werde ich das Mädchen bekommen, das ich liebe. Es ist eine Prinzessin, die in einem fernen Land lebt. Im Traum hab ich sie gesehen. Ein Derwisch hat uns beiden einen Liebestrank eingeflößt. Es ist ganz unmöglich, daß sie mein wird. Das ist auch die Ursache meiner Krankheit.«

»Mach dir deshalb keine Sorgen, mein Sohn! Sieh nur zu, daß du stark und kräftig wirst, alles weitere wird sich finden.«

Wieder ist der Wesir im Wald auf der Jagd. Da sieht er vor sich eine weiße und eine schwarze Schlange. Die schwarze Schlange hat die weiße überfallen und ist daran, sie zu töten. Das kann der Wesir nicht mit ansehen. Er schleudert seinen Pfeil – damals trug man als Waffe Pfeil und Bogen –, trifft die schwarze Schlange, die fällt leblos zu Boden. Die weiße Schlange ist gerettet, sie kriecht voraus, der Wesir folgt ihr und sieht, wie sie in einer Höhle verschwindet.

Da der Prinz inzwischen vollends genesen ist, bittet der Wesir den Padischah um die Erlaubnis, eine Reise anzutreten. Der ist mit allem einverstanden. Die Rösser werden vorbereitet und die Satteltaschen mit Gold gefüllt. Der Wesir und der Prinz machen sich auf den Weg. Sie reiten und reiten über Berg und Tal, da bricht der Abend herein. Wie sie nun absteigen und ihre Pferde an einem Baum anbinden, sehen sie vor sich den Eingang zur Schlangenhöhle. Sie treten ein – der Wesir geht voraus – und sehen zu ihrem nicht geringen Erstaunen einen prächtig eingerichteten Saal.

Sie lassen sich auf weiche Kissen nieder. Vor Müdigkeit fallen dem Prinzen sogleich die Augen zu. Klicks! spaltet sich der riesige Fels über ihnen, und eine wohlbestellte Tafel senkt sich lautlos auf den Boden. Der Wesir weckt den Prinzen, sie stillen ihren Hunger. Nach der Mahlzeit schläft der Prinz wieder ein.

Die Tafel wird hochgezogen, aber von all dem merkt der Prinz nichts. Der Wesir findet keinen Schlaf, da fällt von draußen ein Schatten herein, ein seltsamer, ungeheurer Schatten.

»Mutter!« ertönt die Stimme des Schattens.

»Was gibt's, mein Sohn?« ertönt von oben die Stimme seiner Mutter.

»Haben wir einen Gast?«

»Ja, wir haben Besuch, mein Sohn.«

»Mutter, woher kommt er, wohin geht er?«

»Unser Gast ist der Sohn eines Padischahs. Er ist mit Väterchen Wesir unterwegs in ein fernes Land, um die Tochter des dortigen Sultans zu freien.«

»Aber, Mutter, wird der Prinz das Mädchen bekommen?«

»Die Prinzessin wird sein werden. Doch müssen der Prinz und der Wesir den weiteren Weg zu Fuß gehen. Nach einiger Zeit werden sie ans Meer gelangen. Dort liegt am Ufer ein großer Stein. Wenn ihn der Wesir mit den Worten ›Im Namen Gottes‹ aufhebt, wird er darunter ein Zaumzeug finden. Sobald er den Zaum ins Wasser wirft, wird aus den Fluten ein Flußpferd emportauchen. Das läßt die beiden aufsetzen und wird sie ans andere Ufer bringen. Dort befindet sich die Stadt, in der die Prinzessin wohnt. Aber ihr Vater, der Sultan, hat alle Eingänge schließen lassen, bis auf ein einziges Tor. Dort wacht ein *Dev*, ein Ungeheuer, und beschnüffelt jeden, der hinein- oder hinauswill. Steigt ihm ein unbekannter Geruch in die Nase, wird der Fremdling von ihm auf der Stelle getötet.«

»Hoffentlich, Mutter, findet Väterchen Wesir den rettenden Ausweg.«

Väterchen Wesir hat alles mit angehört, der Prinz liegt derweil in tiefem Schlaf. Der Morgen bricht an, und wieder kommt das Frühstück fein angerichtet auf einer Tafel aus der Höhe herab. Der Wesir weckt den Prinzen. Sie lassen sich das Frühmal schmecken und machen sich gestärkt auf den Weg. Wie sich der Prinz aufs Pferd schwingen will, sagt Väterchen Wesir: »Ab jetzt müssen wir zu Fuß gehen.«

»Was aber wird mit unseren Pferden geschehen hier mitten im Gebirge, und mit unseren Satteltaschen voller Gold?«

»Die sind hier wohl aufgehoben«, antwortet der Wesir.

Sie brechen auf, wandern und wandern in einem fort und gelangen schließlich ans Meer. Der Wesir hebt den Stein auf und wirft den Zaum ins Wasser. Das Flußpferd taucht aus den Wellen empor, läßt sie aufsitzen – vorne den Wesir und hinten den Prinzen –, setzt über ans andere Ufer und lädt sie dort ab. Während sie aber vom Flußpferd durch das Wasser getragen werden, hat sich Väterchen Wesir das Hirn zermartert, wie die Sache weitergehen soll. Da sieht er drei Brüder des Weges kommen, deren Vater ist gestorben. Die Erbschaft besteht aus zwei Teilen. Nun wissen sie nicht, wie sie die auf drei aufteilen sollen und bitten den Wesir um seinen Rat.

»Veranstaltet einen Wettlauf! Wer als erster am Ziel ist, der soll die ganze Erbschaft haben.«

Das leuchtet ihnen ein. Sie laufen los. Ganz, ganz weit weg sind sie schon, da nimmt sich der Wesir den einen Teil der Erbschaft. Eine Filzmütze ist das, die jeden, der sie trägt, unsichtbar macht. Väterchen Wesir verbirgt die Mütze unter seinem Gewand, dann setzen er und der Prinz ihren Weg fort und kommen nach einer Weile an das große Tor, den einzigen Eingang in die Stadt. Davor steht ein *Dev*, der alle Ein- und Ausgehenden beschnüffelt. Es ist Abend, alle Stadtbewohner haben schon das Tor passiert, nur die Schafe des Sultans, von der Weide zurückgekehrt, warten noch in einer Reihe. Ganz hinten steht als letzter der Widder, der hat ein dichtes Vlies.

»Mein Sohn, setz diese Mütze auf!« sagt der Wesir zu dem Prinzen, »dann bist du unsichtbar.« Der Prinz setzt sich

146

die Mütze auf den Kopf und geht unbehindert durch das Tor. Das Ungeheuer hat überhaupt nichts bemerkt. Der Wesir kauert sich unter den Widder. Er gedenkt, sich in dem dichten zottigen Fell zu verstecken und so in die Stadt zu gelangen. Natürlich beschnüffelt der *Dev* den Widder, sofort nimmt er den fremden Geruch wahr und drückt mit seinen Riesenpratzen den Schafbock zusammen. Im selben Augenblick springt Väterchen Wesir zwischen den Vorderbeinen des Widders nach vorne und ist schon durch das Tor. Der Bock ist tot. Sogleich wird das dem Sultan gemeldet: »Der *Dev* hat deinen Lieblingsbock umgebracht.«

»Bringt ihn fort! Haut ihm sofort den Kopf ab!«

Das Ungeheuer wird hingerichtet. Ab jetzt steht das Tor der Stadt immer offen. Väterchen Wesir und der Prinz mieten in der Stadt ein Zimmer, lassen sich verköstigen und ruhen sich aus. Schließlich sagt der Wesir zu dem Prinzen:

»Mein Sohn, geh du jetzt in den Palast, dort wohnt die Prinzessin in dem und dem Stock im Zimmer Nummer soundso. Geh hin und schau sie dir an. Setz aber diese Mütze auf! Wenn du ihr Zimmer betrittst, siehst du auf dem Tisch einen Apfel liegen. Beiß hinein und leg ihn auf den Tisch, mit der angebissen Seite nach oben. Nimm die Lampe, die dort steht, und stelle sie auf die andere Seite! Schau dir das Mädchen genau an, sie kann dich ja nicht sehen. Dann nimm die Mütze ab! Falls die Prinzessin wie verrückt zu schreien anfängt, setz sofort die Mütze wieder auf und komm gleich zurück!«

Der Prinz führt alles genauso aus. Er beißt in den Apfel; das Mädchen sieht den angebissenen Apfel. Sie bemerkt auch, daß die Lampe auf der anderen Seite des Zimmers steht. Mein Gott, denkt sie, was geht hier vor? Ist gar der Teufel bei mir eingedrungen? Wie aber der Prinz die Mütze abnimmt, traut sie ihren Augen nicht: das ist doch derselbe Jüngling, mit dem sie im Traum vereint war! Und

nun steht er in Wirklichkeit vor ihr! Wie ist das nur möglich? Jetzt geht es an ein Fragen und Erzählen, sie lernen
sich erst so richtig kennen und verbringen bis zum Morgen glückliche Stunden. Am nächsten Tag berichtet der
Prinz dem Wesir alles, was vorgefallen ist. Die folgenden
Nächte verbringt der Prinz bei der Prinzessin, ohne daß
jemand das geringste bemerkt. Eines Abends findet er das
Mädchen in großer Aufregung: Der und der Sultan hat
ihrem Vater den Krieg erklärt. In dieser Nacht finden
beide keinen Schlaf.
Der Vater der Prinzessin schickt seine Soldaten in den
Kampf.
Nun eilt Väterchen Wesir, der von allem unterrichtet ist,
ans Meeresufer und ruft mit den Worten »Im Namen Gottes!« nach dem Flußpferd. Er findet auch ein ausgedientes,
schartiges Schwert, das drückt er dem Prinzen in die
Hand. – In früheren Zeiten wurden die Schlachten mit
dem Schwert gewonnen, da gab es keine Gewehre und
Kanonen! – Zum Jüngling sagt er: »Besteig dieses Pferd,
und schwinge das Schwert, so gut du kannst! Überlaß dich
ganz der Führung dieses Rosses! Vor allem aber mußt du
die Soldaten des Sultans zurückhalten, nur du, als einziger,
darfst in die Schlacht reiten.«
Genauso macht es der Prinz. Der Sultan schaut durch sein
Fernrohr aufs Schlachtfeld. Da sieht er, daß seine eigenen
Soldaten herumlungern und schlafen, und nur ein einziger
Held schwingt das Schwert. Der stürzt sich auf wiehern-
dem Roß auf den Feind und treibt ihn auseinander. Das
Roß macht alles dem Erdboden gleich.
»Rasch! Bringt sofort mein Pferd!« befiehlt der Sultan.
»Ein einziger Held kämpft, meine Soldaten lungern herum
und schlafen!«
Aufgeregt galoppiert er aufs Schlachtfeld. »Was ist los?«
schreit er seine Soldaten an. »Warum schlagt ihr euch
nicht?«

»Einer ist gekommen und hat uns zurückgeschickt.«
Inzwischen hat der Gegner ohnehin schon aufgegeben.
»Mein Sohn!« wendet sich der Sultan an den Prinzen,
»ich habe eine einzige Tochter, die soll ein Held wie du
zur Frau bekommen. Bist du verwundet, hast du Schmerzen?«
Der Prinz hat sich den Finger geritzt; das Schwert war ja
schon alt. Wie der Sultan die kleine Wunde bemerkt, zieht
er sogleich ein seidenes Tüchlein aus der Tasche, das hatte
seine Tochter fein mit Goldfäden bestickt, sieben Jahre
hatte sie dazu gebraucht, mit dem verband er den Finger
des Prinzen.
Am Abend kehrt der Prinz zum Wesir zurück. Der gibt
ihm folgenden Rat: »Wenn du heute nacht bei der Prinzessin bist, leg deine verbundene Hand nicht unter die
Decke!«
Der Prinz ist natürlich sehr müde. Er und die Prinzessin
fallen in einen tiefen Schlaf und können zur gewohnten
Zeit nicht erwachen. Die Dienerinnen warten schon vor
der Tür, sie sollen ja der Prinzessin beim Aufstehen behilflich sein. Es wird acht Uhr, es wird neun, nichts rührt
sich, da bekommen die Frauen es mit der Angst zu tun.
»Hier stimmt etwas nicht!« meinen sie, »wir müssen nach-
sehen.« Einen ganz kleinen Spalt öffnen sie die Tür, da
sehen sie neben der Prinzessin jemanden im Bett liegen.
»Um Himmels willen!« schreien sie und eilen zum Sultan.
»Deine Tochter liegt mit einem Mann im Bett!«
»Ich wollte sie einem Helden zur Frau geben. Wie konnte
sie so etwas tun! Schafft beide fort und haut ihnen die
Köpfe ab! Ich will sie nicht sehen.«
»Nein«, sagen seine Diener, »wenn du nicht selbst
kommst, rühren wir sie nicht an.«
»Ich will sie nicht sehen!«
Aber seine Diener beharren darauf: »Wenn du nicht dabei
bist, können wir sie nicht hinrichten. Erst mußt du sie mit

eigenen Augen sehen.« Und ganz gegen seinen Willen führen sie ihn mit Gewalt ins Zimmer seiner Tochter. Da fällt
sein Blick auf das seidene Tuch, mit dem er selbst den Finger des Helden umwickelt hat.

»Hinaus! Laßt sie in Ruhe! Ich habe ihm ohnehin meine
Tochter versprochen. Stört sie nicht! Schnell alle hinaus!« Alle entfernen sich, und wieder verläßt der Prinz unbemerkt das Schloß. Er erzählt alles dem Wesir, und der
hält für den Prinzen um die Hand der Prinzessin an. Der
Sultan ist natürlich einverstanden, hat er ja auch selbst diesen Burschen zum Schwiegersohn erwählt. »Aber einen
Monat müßt ihr meine Gäste sein«, sagt er, »in der Zeit
will ich ein Schiff bauen lassen. Wie wollt ihr sonst das
riesige Meer überqueren?«

»Gib uns nur deine Tochter! Das übrige laß unsere Sorge
sein!«

Der Wesir steigt hinunter ans Meeresufer. »Wohlan! Im
Namen Gottes!« ruft er, holt den Zaum unter dem Stein
hervor und wirft ihn ins Wasser. Sogleich taucht das Flußpferd aus den Fluten empor. Der Wesir setzt sich vorne
drauf, nimmt den Prinzen und die Prinzessin hinter sich,
und schon schwimmt das Pferd, Platsch! Platsch!, eilig
durch das Wasser. Der Sultan steht am Fenster seines Palastes und schaut ihnen mit dem Fernrohr nach. »Alles in
Ordnung«, sagt er, »sie sind gut drüben angekommen. Jeder soll wieder an seine Arbeit gehen!«

Inzwischen ist es Abend geworden. Die drei sind zu Fuß
bis vor die Höhle gekommen. Die Pferde stehen noch, wo
sie angebunden waren, auch die Satteltaschen mit dem
Gold sind unberührt. Der Prinz und die Prinzessin sind
müde von der langen Reise. Sie folgen Väterchen Wesir in
die Höhle – die ist prächtig ausgestattet, wohnlich wie ein
Haus –, setzen sich auf die weichen Kissen und schlafen
sogleich ein.

Nach einiger Zeit schwebt die reich gedeckte Tafel wieder

von der Decke hernieder. Väterchen Wesir weckt die beiden, sie lassen es sich gut schmecken, dann legen sie sich erneut zur Ruhe. Nur der Wesir findet keinen Schlaf. Die Nacht ist hereingebrochen. Abermals erscheint vor der Tür der Schatten, dieser seltsame, ungeheure Schatten.

»Mutter, haben wir Besuch?«

»Ja, mein Sohn, wir haben Gäste.«

»Nun, Mutter«, fährt der Schatten zu sprechen fort, »Väterchen Wesir hat dem Prinzen zu dem Mädchen verholfen. Wie wird es ihnen aber weiterhin ergehen?«

»So höre, mein Sohn«, antwortet die Stimme der Mutter, »mittlerweile hat auch der Padischah von der bevorstehenden Ankunft des Prinzen Kunde erhalten. Er hat ein fliegendes Schloß anfertigen lassen. Kommt nun der Prinz nach Hause, wird ihm gesagt, er müsse seinem Vater, der ihn im Schloß erwartet, die Hand küssen. Kaum setzt der Prinz seinen Fuß auf die erste Treppenstufe, fliegt das Schloß mit ihm in die Luft. Der Prinz ist tot, und der Vater des Prinzen nimmt die Prinzessin zur Frau.«

»Aber, Mutter«, sagt der Schatten, »wenn nun der Prinz nicht zu seinem Vater ins Schloß geht, was dann.«

»Wenn er das nicht tut«, hört man wieder die Stimme der Mutter, so wird der Padischah ein fliegendes Pferd machen lassen. Beim Wettkampf, der bei der Hochzeit ausgetragen wird, läßt er den Prinzen dieses Pferd besteigen. Gerade während das Roß hochspringt, ist die Batterie erschöpft, es sackt zusammen, stürzt mit seinem Reiter zu Boden. Der Prinz ist tot, und der Padischah wird sich mit der jungen Prinzessin vermählen.«

»Aber, Mutter, wenn der Prinz auch zu diesem Wettkampf nicht antritt, was dann?«

»Dann wird der Vater des Prinzen in eine Schlangenhaut kriechen, sich in der Hochzeitsnacht unter dem Bett verstecken, den Prinzen im Schlafe beißen, der Prinz wird sterben, und der Padischah heiratet die Prinzessin.«

»Aber, Mutter, gibt es denn keine Rettung?«

»Einen rettenden Ausweg gibt es«, antwortet die Stimme der Mutter, »aber wer davon zu dem Prinzen spricht, der wird zu Stein.«

Die Stimmen verstummen, der Schatten verschwindet. Wie sollte Väterchen Wesir jetzt einen guten Schlaf finden? Bis zum Morgengrauen macht er keine Auge zu.

In der Frühe stärken sie sich wieder an der reich gedeckten Tafel.

Dann sagt der Wesir zum Prinzen: »Mein Sohn, ich werde euch nicht weiterbegleiten, ich will hierbleiben.« Alles Bitten und Flehen hilft nichts. Wie sehr sich die Prinzessin auch weigert, ohne den Wesir die Reise fortzusetzen, sie muß doch dem Prinzen folgen, der nun allein weiterziehen will. Aber kaum hat sich der Prinz ein paar Schritte, entfernt, brüllt ihm der Wesir nach: »Du Esel! Du Dreckschwein! Komm sofort zurück!« und versetzt ihm zwei schallende Ohrfeigen, die sich gewaschen haben. Er wollte den Prinzen ja nur ordentlich einschüchtern. »Ab jetzt wirst du ohne meine ausdrückliche Erlaubnis nirgendwo hingehen!«

Nun besteigen sie die Pferde, und wie sie sich ihrer Heimatstadt nähern, hören sie schon von weitem die Trommeln und Klarinetten, die zu ihrem Empfang aufspielen.

Ein Bote tritt zu dem Prinzen: »Dein Vater hat ein Schloß für dich erbauen lassen, in dem erwartet er deine Ankunft. Eile und küsse ihm die Hand!« Gerade will der Prinz die Stufen emporsteigen – er hat die Ohrfeige des Wesirs schon wieder vergessen – »Zurück! Sofort zurück! Du Dreckschwein! Du Esel! Wer hat dir erlaubt, das Schloß zu betreten?«

Der Prinz hört auf die Worte des Wesirs und geht nicht zu seinem Vater. Väterchen Wesir hat den Prinzen vor dem sicheren Tod errettet.

Nun sind die Hochzeitsvorbereitungen in vollem Gang.

»Mein Sohn«, sagt der Padischah, »ich habe für dich ein Pferd erworben, das sollst du beim Wettkampf besteigen und damit Sieger werden.«

Der Prinz sieht sich das Pferd im Stall an. Das schnaubt durch die Nüstern, tänzelt und kann keinen Augenblick ruhig stehen. Ganz entzückt ruft er aus: »Mit diesem Roß werde ich das Rennen gewinnen.«

Am nächsten Tag soll das Wettrennen stattfinden. Gerade will sich der Prinz auf das Roß schwingen – »Halt! Zurück! Du Esel! Du Dreckschwein! Wer hat dir erlaubt, das Pferd zu besteigen?«

Schweren Herzens verzichtet der Prinz auf die Teilnahme am Wettkampf. Der Padischah kann auch nichts sagen, hat doch der Wesir den Prinzen von seiner Krankheit geheilt.

Diese Nacht findet Väterchen Wesir wieder keinen Schlaf. Er sinnt auf einen Ausweg. Die Hochzeitsfeierlichkeiten sind zu Ende, nun folgt die Hochzeitsnacht.

»Mein Sohn«, sagt er zu dem Prinzen, »diese Nacht will ich mit euch gemeinsam verbringen.«

»Aber, Väterchen Wesir, gerade diese Nacht! Kannst du nicht morgen nacht in unserem Zimmer schlafen?«

»Nein, mein Sohn, es muß diese Nacht sein. Ich schaue nicht zu euch hin.«

Nun, der Mann ist ja schon alt. »Laß ihn«, meint die Prinzessin, »er stört uns doch nicht.« Der Prinz will die Prinzessin nicht kränken: »Also gut, Väterchen Wesir.«

Der versteckt sogleich das Schwert an seinem Busen. »Wohlan! Im Namen Gottes!« Mit diesen Worten läßt er sich hinter der Tür nieder, zieht den Mantel über den Kopf, so daß er die Jungen nicht sieht. Es vergeht eine geraume Weile, ganz leise und vorsichtig schaut Väterchen Wesir unter seinem Mantel hervor zu ihnen hinüber. Er sieht, sie liegen noch nackt im Bett, sofort zieht er den Mantel wieder über seinen Kopf und wartet. Nach einer

Zeit blickt er nochmals hin, nun sind beide angekleidet und liegen friedlich schlafend nebeneinander.

»Wohlan! Im Namen Gottes!« ruft er, wirft den Mantel ab, packt das Schwert und wartet: wartet, daß die Schlange kommt. Nach geraumer Weile sieht er, wie unter dem Bett eine Schlange hervorkriecht, sie windet sich und schlängelt sich um den Fuß des Bettes, eine riesige, gräßliche Schlange. Sie streckt den Kopf vor in Richtung des schlafenden Prinzen. Genau diesen Augenblick hat Väterchen Wesir abgewartet. »Auf denn! Im Namen Gottes!« ruft er und trennt mit einem Schwertstreich den Kopf der Schlange von ihrem Rumpf.

Von dem Lärm erwacht natürlich der Prinz. Da sieht er am Kopfende des Bettes den Wesir mit einem Schwert in der Hand. Die Schlange ist leblos unter das Bett gerollt. »Also das ist's, du wolltest mich töten, um dich meiner Frau zu bemächtigen!«

»Nein, mein Sohn, ich habe dir das Leben gerettet.«

Nun kann auch die Prinzessin nichts zur Verteidigung des Wesirs vorbringen, sonst würde sie ihr Mann ebenfalls für schuldig halten.

»Ich bring dich um, du wolltest meine Frau!«

»Nein, ich habe dich gerettet.«

»Dann sag, was ist hier los?«

»Wenn ich es dir sage, werde ich zu Stein.«

»Sag mir alles, und würdest du auch zu Stein!« bedrängt der Prinz den Wesir und drückt ihm die Kehle zu. »So höre denn, mein Sohn«, erwidert der Wesir, »zum ersten hat dir dein Vater ein fliegendes Schloß errichten lassen, das sollte mit dir in die Lüfte steigen, sobald du es betrittst, und dann hätte dein Vater deine Frau geehelicht. Davor habe ich dich errettet.« Väterchen Wesir wird bis zu den Knien zu Stein.

»Zum zweiten«, fährt der Wesir fort, »hat dir dein Vater ein fliegendes Pferd bereitstellen lassen, das solltest du beim Wettkampf reiten, das wäre mit dir hoch in die Lüfte gesprungen und dann zu Boden gefallen, und du wärest tot gewesen, und dein Vater hätte deine Frau für sich genommen. Davor habe ich dich errettet.«

Väterchen Wesir wird bis zum Gürtel zu Stein.

»Zum dritten«, spricht der Wesir weiter, »ist dein Vater diese Nacht im Gewand einer Schlange unter dein Bett gekrochen, um dich im Schlaf zu beißen und zu töten. Dann wollte er sich deiner Frau bemächtigen. Zum dritten Mal hab ich dich errettet. Geh in den Palast und sieh nach, ob du deinen Vater dort findest. Ich habe ihm diese Nacht den Kopf abgehauen. Aber dich hab ich gerettet«, sagt er, wird vollends zu Stein und fällt mit dumpfem Krach zu Boden.

»Das hast du bewirkt! Du bist schuld, daß Väterchen Wesir zu Stein geworden ist«, sagt die Prinzessin zu ihrem Mann. »Nun sieh zu, daß du ein Mittel zu seiner Erlösung findest. Vorher komm mir nicht zurück!« Und damit setzt die Frau den Prinzen vor die Tür.

Es vergehen Monate, es vergehen Jahre. Der Prinz sucht nach dem Heilmittel auf hohen Bergen und in tiefen Tälern, in großen Städten und in kleinen Dörfern. Er kehrt nach Hause zurück. »Hast du das Mittel gefunden?« fragt seine Frau.

»Ich konnt es nirgends finden.«

»So komm mir nicht in die Nähe!« Nicht einmal die Tür öffnet sie ihm. Eines Tages, er ist im Wald unterwegs und schon recht müde und hungrig, fällt ihm die Höhle ein. Da kann ich mich satt essen und ausschlafen, denkt er. Bis er sie endlich findet, ist die Nacht hereingebrochen, und wie er eintritt – wo sind die weichen Kissen, wo die reich gedeckte Tafel? Von den Wänden strömt das Wasser, stockdunkel ist's um ihn; nun kann er auch den Ausgang nicht mehr sehen. Wer wird an Schlaf denken inmitten dieses Getöses, auf den feuchten, glitschigen Steinen? Da fällt sein Blick auf einen riesigen Schatten. Er vergeht ohnehin vor Furcht und Schrecken, weil es so kalt und finster ist.

»Haben wir Besuch, Mutter?« ertönt seine Stimme.

»Nichts von Bedeutung, mein Sohn«, antwortet von oben eine andere Stimme, »es ist nur der törichte Sohn des Padischahs. Er hat bewirkt, daß Väterchen Wesir zu Stein wurde. Nun sucht er nach einem Heilmittel, um ihn zu erlösen.«

Der Prinz hört alles mit an.

»Nun, Mutter, gibt es ein solches Heilmittel?«

»Ja, mein Sohn, eines gibt es«, erwidert die Mutter. »In jener Hochzeitsnacht hat die Prinzessin einen Sohn empfangen. Wenn dieses Kind auf dem steinernen Wesir geopfert wird, erwacht Väterchen Wesir wieder zum Leben. Dies ist die einzige Möglichkeit, ihn zu erlösen.«

Der Prinz hat alles gehört. Er wußte gar nicht, daß er Vater eines Kindes war. Seine Frau hat ihn ja nie eingelassen. Diese Nacht scheint ihm kein Ende zu nehmen. Beim frühen Morgenrot eilt er, so rasch er kann, nach Hause.

»Hast du das Heilmittel gefunden?« fragt seine Frau, ohne die Tür auch nur einen Spalt aufzumachen.

»Erst sag mir, ob wir ein Kind haben?«

»Ja.«

»Nur wenn wir unser Kind auf dem steinernen Wesir zum Opfer bringen, kann Väterchen Wesir wieder lebendig werden.«

Sogleich öffnet die Frau die Tür und läßt den Prinzen ein. In der Wiege liegt ein prächtiger, pausbäckiger Knabe.

»Für Väterchen Wesir will ich auch zehn Kinder opfern«, sagt die Prinzessin. Unverzüglich nehmen sie das Kind aus der Wiege, legen es auf den steinernen Wesir, hacken ihm den Kopf ab und werfen es aus dem Fenster des Palastes.

»Wohlan! Im Namen Gottes! Hab ich aber lang geschlafen!« ruft der Wesir aus und räkelt sich. Die Prinzessin und der Prinz stehen neben ihm. »Schnell, meine Tochter, lauf und hol dein Kind herein!«

Sie rührt sich nicht von der Stelle.

»Lauf schon, sag ich dir, schnell, hol es herein!«

»Väterchen Wesir, wir haben das Kind für dich geopfert.«

»Schnell, sag ich dir, hol dein Kind herein!«

Als das Kind aus dem Fenster fiel, haben die Engel im Himmel es aufgefangen und den Kopf mit dem noch warmen Körper vereinigt. Jetzt liegt der Knabe auf der Erde und weint und schreit. Und wie nun der Prinz und die Prinzessin aus dem Fenster schauen, sehen sie zu ihrem freudigsten Erstaunen ihr Kind heil und unversehrt auf dem Boden liegen. Eiligst tragen sie es herein und betten es in die Wiege.

»Warst du in der Höhle?« fragt der Wesir den Prinzen. »Hast du dort erfahren, was zu meiner Erlösung getan werden mußte?«

»Ja, Väterchen Wesir.«

»Und wem, mein Sohn, wurde Ehre und Hochschätzung bezeigt?«

»Dir, Väterchen Wesir.«

»Nun, ich habe dich aus allen Gefahren errettet. Du bist Besitzer dieses Palastes und Herr über dieses Land. Ich aber werde euch verlassen.«

Der Prinz führte mit seiner Frau und seinen Kindern ein glückliches Leben. Und damit ist dieses Märchen zu Ende. Drei Äpfel sind vom Himmel gefallen, einer ist für dich, einer für mich, und einen sollen sich Schirin und Ferit teilen.

Die schwarze Schlange

Es war einmal, es war keinmal. In alter längst vergangener Zeit gab es einen Knecht, der hatte eine Frau, die wurde schwanger. Ihr Tag stand nahe bevor, da ging er in ein Haus und bat: »Nehmt meine Frau auf! Sie wird bald niederkommen.« Er war wohl aus der Fremde zugezogen. Man wies ihn ab. Da suchte er weiter, im ganzen Dorf suchte er nach einem Platz für seine Frau. Aber niemand wollte ihr beistehen. »Ich kann ihr nicht helfen«, hieß es da, »ich kann sie nicht entbinden«, hieß es dort. Was blieb da der armen Frau anderes übrig, als hinauf auf den Berg zu gehen. Dort kommt sie ganz allein nieder mit einer Schlange, mit einer schwarzen Schlange. Sie warf sie fort und wandte sich zum Gehen. Da kroch das Schlänglein herzu, ringelte sich um ihren Fuß und fing zu reden an. »Mutter«, sagte sie, »ich bin ein Junge, ich heiße Emin Jussuf. Wickle mich in dein Hemd! Wenn ich hungrig bin, werde ich dich ein klein wenig beißen, dann mußt du mich an deiner Brust trinken lassen.«
Die Frau hüllte die Schlange vorsichtig ein und trug sie im Arm umher. Die Schlange wurde immer schwerer, so legte sie sie in einen Korb, und sie wurde immer größer, so bettete sie sie in einen Bienenstock, und als sie auch da nicht mehr Platz fand, bereitete ihr die Frau das Lager in einer Bütte. So wuchs die Schlange heran und sagte eines Tages zu der Frau: »Mutter, ich will die Prinzessin heiraten. Geh in den Palast und sag zum Sultan: ›Gemäß dem Befehl Gottes und dem Wort des Propheten soll deine Tochter die Gemahlin unseres Sohnes Emin Jussuf werden.‹«

Den Leuten war ihre Armut anzusehen. An der Pforte des Palastes hielt man sie für Bettler und schickte sie mit einem Almosen wieder fort. Sie versuchten es ein zweites Mal und wurden abgewiesen. »Es hat keinen Sinn, mein Sohn«, sagte die Frau zur Schlange, »wir werden nicht vorgelassen.«

»Ich beiße euch, wenn ihr es nicht noch einmal versucht!«

Also fragte sie ein drittes Mal an, ob der Sultan sie empfangen wolle. Und diesmal ließ man den Knecht und seine Frau ein und führte sie vor den Herrscher.

»Der Friede sei mit dir, o Sultan. Gemäß dem Befehl Gottes und dem Wort des Propheten will unser Sohn Emin Jussuf deine Tochter zur Frau.«

»Nun«, antwortete der Sultan, »den Befehl Gottes kann ich nicht mißachten. Aber euer Antrag ist nur angenommen, wenn ihr meine Bedingungen erfüllt. Ich gebe euch vierzig Tage Frist. Macht ihr nicht, was ich euch sage, werdet ihr am einundvierzigsten Tag gehenkt.«

»Na, was ist denn deine Bedingung?«

»Wenn ihr einen Palast erbaut, höher als den meinen, auf der Mondseite aus Gold, auf der Sonnenseite aus Silber, mit goldenem Boden und silberner Decke, und wenn ihr die Erde zwischen diesem Palast und meinem Palast mit Teppichen und Kelims bedeckt, so will ich meine Tochter eurem Sohn zur Frau geben. Vierzig Tage habt ihr Zeit.«

Die Frau kehrt nach Hause zurück. »Mein Sohn, schlag dir die Sache aus dem Kopf, sonst kommen wir noch vor den Henker.«

»Warum, Mutter?«

»Nun, mein Sohn, das und das verlangt der Sultan . . .«

»Hab gar keine Angst, Mutter! Hör mir gut zu: in der achtunddreißigsten Nacht wirst du hinauf auf den Berg gehen, wo du mich geboren hast. Dort rufst du: ›He! Berge und Felsen! He!‹ Eine Stimme wird dir Antwort geben. Daraufhin sagst du: ›Ich überbringe euch Emin Jussufs Gruß. Er braucht für heute abend zwei Maurer und einen Zimmermann.‹«

Die Frau macht alles genauso, wie es ihr die Schlange angesagt hat. Wie nun am nächsten Tag der Sultan aufsteht und aus dem Fenster blickt, sagt er zu seiner Frau: »Weib, diesmal müssen wir uns von unserer Tochter trennen.«

»Woher willst du das wissen?«

»Der Knecht hat einen Palast gebaut. Schau doch, wie das glänzt! Man glaubt, die Sonne ist auf der anderen Seite aufgegangen.«

»Ach was, Mann!« erwidert die Sultanin. »Wenn auch die Außenseite prächtig ist, innen konnten sie ihn sicher nicht einrichten. Die bekommen unsere Tochter nicht.«

In der nächsten Nacht, also in der neununddreißigsten, sagt die Schlange: »Mutter, steh auf, geh wieder hinauf auf den Berg, wo du mich geboren hast! Rufe: ›He! Berge und Felsen! He!‹ Wieder wird dir eine Stimme antworten. Und du sagst dann: ›Ich überbringe euch Emin Jussufs Gruß. Er benötigt vierzig Kamellasten der herrlichsten Dinge, die es auf der Welt gibt, von allem das Schönste und Feinste, an nichts darf es fehlen.‹ Richte das genauso aus!«

In der Frühe des folgenden Tages traut der Sultan seinen Augen nicht: Kelims und Teppiche liegen auf der Erde. Der Palast ist voll mit den schönsten Dingen, die man sich nur denken kann. Auch außerhalb der Mauern häuft sich die Pracht, weil innen einfach nicht genügend Platz für alles ist.

So wird also die Hochzeit bestellt, und während die Feierlichkeiten im Gang sind, legt die Frau die Schlange in die Bütte und bringt sie in das Brautgemach. »Meine Tochter«, sagt sie zu der Prinzessin, »mein Sohn ist als Schlange geboren, aber du brauchst keine Angst zu haben.«

»Ich fürchte mich nicht«, erwidert das Mädchen. – In jenen Gegenden war es ja üblich, daß die Brautleute einander vor der Hochzeit nicht kannten, weil alles die Eltern bestimmten.

Es ist der Abend vor der Hochzeitsnacht, und so verschließt die Frau die Zimmertür. Sie schaut aber durch das Schlüsselloch und sieht – drinnen hat wohl ein Feuer gebrannt – zu ihrem großen Erstaunen, daß sich die Schlange auf die Schwanzspitze stellt, sich schüttelt, die Schlangenhaut abwirft und zu einem strahlend schönen Jüngling wird. Augenblicklich reißt sie die Tür auf, packt die Schlangenhaut und wirft sie in die Flammen.

»Mutter, nicht! Ich brauche die Haut!«

Aber zu spät! – schon war das Schlangenkleid zu Asche geworden. »Da du meine Frau bist, folge mir nach!« sagte der Jüngling zu der Prinzessin. Dann wandte er sich an seine Mutter: »Nimm in die Hand einen eisernen Stab und zieh an die Füße eiserne Schuh! Vielleicht kannst du uns einholen.« Sie machten sich auf den Weg, gingen und gingen, immer weiter fort, voran der Jüngling und die Prinzessin, die Mutter hinterdrein. Wie sich die Mutter ihnen nähert, wurde der Jüngling zu einer Pappel und die Prinzessin zu einer Efeuranke, die sich um den Stamm schmiegte. Die Mutter blieb vor der Pappel stehen.

> »Pappel, Pappel,
> brech ich ab deinen Zweig,
> ist mir das Herz gebrochen.
> Reiß ich ab das Efeublatt,
> ist mein Herzblatt zerrissen«,

so weinte sie und wehklagte, weinte und wehklagte. Damit ist auch dieses Märchen zu Ende.

Frau Tantanga

Es war einmal, es war keinmal. Mitten in den Bergen lebte ein Mann, der hatte zwei Kinder, ein Mädchen und einen Buben. Eines Tages war er ihrer überdrüssig, sei es nun, daß ihn die Armut drückte oder daß er sich alt fühlte. Jedenfalls sagte er zu seiner Frau: »Gehen wir Birnen klauben! Wenn die Kinder vor in den Wald laufen, machen wir uns unbemerkt davon.« Die Frau schickte die Kinder mit einem Sack voraus. Sie kochte noch eine Suppe, füllte sie in eine Schüssel, legte zwei Löffel daneben und einen ausgehöhlten Kürbis zum Wassertrinken. Dann stehlen sich die Eltern fort.

Unterdessen haben die Kinder die Holzbirnen vom Baum geschüttelt und klauben sie in den Sack, aber der hat ein Loch. »Lauf!« sagt das Mädchen, das ältere der Geschwister, »lauf! Hol Nadel und Faden! Wir müssen das Loch zunähen.« Wie nun der Bub heimkommt und nach seinen Eltern ruft, ist niemand da. Er eilt zur Schwester zurück und fragt sie: »Wo sind Vater und Mutter?«

»Sind sie nicht daheim?«

»Sie sind weg! Sie sind weg!«

Was sollen die Kinder jetzt anfangen? Was sollen sie nur tun? Sie essen die Suppe, dann überlegen sie: »Wenn wir den Kürbis nehmen und hinauf auf den Hügel steigen und den Kürbis herabrollen lassen, stößt er vielleicht an das Zelt der Eltern; und so haben wir sie wiedergefunden.«

Sie klettern den Hügel hinauf und geben dem Kürbis einen Stoß:

»Tan-tan Frau Tantanga, tan-tan! Frau Tantanga!
Sag uns, wo sind Väterchen und Mütterchen?«

Der Kürbis gerät ins Rollen und stößt, Tan-tan, an einen
Stamm. Eilends laufen die Kinder hin – da steht vor ihnen
ein Baum!
Nun versuchen sie es noch einmal:

»Tan-tan! Frau Tantanga, tan-tan! Frau Tantanga!
Sag uns, wo sind Väterchen und Mütterchen?«

Der Kürbis beginnt zu rollen, rollt immer schneller und
schneller und stößt, Tan-tan!, an einen Strunk. Von neuem
klettern die Kinder den Hügel hinauf und wieder herab,
dem rollenden Kürbis nach; hinauf und wieder herab, hinauf und wieder herab, und jedesmal stößt der Kürbis an
einen Baum, bis er endlich, Tan-tan!, an einem Zelt zer-
schellt. Außer Atem treten die Kinder ein. Drinnen wohnten eine alte und eine junge Frau. Die Alte war eine *Dev*,
die sich von Menschenfleisch ernährte.
Es wäre doch schade, wenn diese Kinder gefressen würden, denkt die junge Frau. Sie nimmt sie über Nacht auf.
Das Mädchen läßt sie bei sich auf ihrer Bettstatt schlafen,
den Buben legt sie zu der Alten ins Bett. Die zwickt den
Knaben, um zu sehen, wieviel Fleisch an ihm dran ist.
»Großmutter, mich beißt eine Ameise«, klagt der Bub.
»Die hiesigen Ameisen sind garstige Viecher«, sagt die
Alte.
Die *Dev*-Frau läßt ihn ein wenig schlafen, dann zwickt sie
ihn erneut.
»Großmutter, mich beißt eine Ameise.«
»Die hiesigen Ameisen sind garstige Viecher.«
So ging es fort bis in die Frühe. Am nächsten Morgen
wollte die *Dev*-Frau vor dem Zelt ihre Zähne wetzen.
Schnell nahm die junge Frau die Kinder beiseite und sagte
zu ihnen: »Meine Herzblättchen, diese Großmutter ist

eine Menschenfresserin. Aber wenn ihr alles befolgt, was ich euch jetzt sagen werde, seid ihr gerettet.«

Sie gab ihnen einen Kamm, ein Stück Seife und ein Glas. Dann schärfte sie ihnen ein: »Lauft geschwind fort, und sobald die Alte euch einholt, werft den Kamm hinter euch! Gleich wird eine undurchdringliche Dornenhecke aus dem Boden wachsen, und die Alte wird schnauben und brüllen: ›Schäfchen, meine Schäfchen, wie seid ihr da durchgekommen?‹ Da müßt ihr antworten: ›Mit viel Mühe, Großmutter, mit viel Mühe sind wir durchgekommen.‹ Und nun Glück auf den Weg!«

Die Kinder brechen auf, und wie sich das Mädchen nach einer Weile umblickt, sieht sie, daß die Alte näher kommt. Sofort wirft sie den Kamm hinter sich. Im Handumdrehen ist der Boden von dichtem Dornengestrüpp bedeckt.

»Schäfchen, meine Schäfchen, wie seid ihr da durchgekommen?«

»Mit viel Mühe, Großmutter, mit viel Mühe sind wir durchgekommen.«

Die Alte verfängt sich in den Dornen, und die Kinder eilen weiter. Doch bald schon hören sie das Keuchen der *Dev*-Frau aus nächster Nähe. Unverzüglich werfen sie die Seife hinter sich. Sogleich bildet sich glitschiger Schlamm.

»Schäfchen, meine Schäfchen, wie seid ihr da durchgekommen?«

»Mit viel Mühe, Großmutter, mit viel Mühe sind wir durchgekommen.«

Die Alte bleibt im Morast stecken, und die Kinder setzen ihren Weg fort. Da merken sie, daß die Alte ihnen wieder auf den Fersen ist.

Sie schleudern das Glas hinter sich. Augenblicklich strömen riesige Wasserfluten daraus hervor und werden zu einem reißenden Fluß.

»Schäfchen, meine Schäfchen, wie seid ihr da durchgekommen?«

»Einen Mühlstein haben wir uns an den einen Fuß gebunden, einen Mühlstein haben wir uns an den anderen
Fuß gebunden, so sind wir durchgeschwommen, Großmutter.«

Da bindet sich die *Dev*-Frau unter Ächzen und Stöhnen
zwei Mühlsteine an die Füße und versinkt in den Fluten.
Die Kinder sind gerettet.

Sie wandern weiter und weiter, der Weg zieht sich, und der
kleine Bursche ist so durstig: »Schwesterchen, gib mir
Wasser! Schwesterchen, gib mir zu trinken!«

»Wir kommen bald zu einer Quelle. Wir sind gleich bei
einem Brünnlein.«

Da glänzt eine kleine Wasserlache in der Fußspur eines
Ochsen.

»Schwesterchen, ich muß trinken. Ich kann nicht anders.«

»Tu es nicht, Bruder! Trink nicht davon!

Doch der Bub hörte nicht auf sie, trank von dem Wasser
und wurde zu einem Kalb.

Wieder gehen sie weiter und weiter, ein langes Stück Weges, bis sie schließlich in eine Stadt gelangen. Das Mädchen
bindet dem Kalb eine Schnur um den Hals. Ein Trupp
Soldaten kommt ihnen entgegen, die wollen das Kalb
schlachten.

»Es ist mein Bruder, ihr dürft ihn nicht töten!« All das
flehentliche Bitten des Mädchens hilft nichts, gewaltsam
nehmen sie ihn ihr weg.

»So laß dich denn schlachten, mein Bruder, aber laß dich
nicht hängen! Laß dich nicht hängen, hörst du?«

Die Soldaten schlachten das Kalb, aber wie sehr sie sich
auch Mühe geben, es gelingt ihnen nicht, es aufzuhän-
gen. Daraufhin versetzen sie dem Mädchen eine gehörige
Tracht Prügel.

»Also gut, mein Bruder, laß dich denn hängen, aber laß
dich nicht häuten! Laß dich nicht häuten, hörst du?«

Es ist einfach unmöglich, dem Kalb die Haut abzuziehen. Nun packen die Soldaten das Mädchen und peitschen es aus.

»Nun, mein Bruder, laß dich denn häuten, aber laß dich nicht zerhacken! Laß dich nicht zerhacken, hörst du?«

Keiner der Soldaten kann das Kalb zerhacken. Jetzt schlagen sie das Mädchen, daß ihm Hören und Sehen vergeht.

»Wenn's sein muß, laß dich denn zerhacken, mein Bruder, aber werde nicht gar! Werde nicht gar, hörst du?«

Die Soldaten geben die Fleischstücke in einen Kessel, aber sie werden nicht gar. Nach weiteren Hieben sagt das Mädchen: »Mein Bruder, laß dich denn zerschneiden, laß dich denn essen, aber laß auf keinen Fall deine Knochen den Hühnern und Hunden zum Fraß vorwerfen!«

Die Soldaten lassen die abgenagten Knochen liegen; gleich stürzen sich die Hühner und Hunde darauf, können sie aber nicht picken und zerbeißen. Die Schwester klaubt alle Gebeine ihres Brüderchens zusammen und wirft sie in einen Brunnen; der steigt als Jüngling wieder heraus.

»Was sollen wir jetzt anfangen, Bruder?«

»Was sollen wir nur tun, Schwester? Wo wir auch hingegangen sind, hat man mich zerhackt und gegessen. Am besten ist's, wir werden zu Vögeln und fliegen hoch hinauf bis unter den Himmel.«

Nun flattern sie als Kuckucksvögel von einem Baum zum anderen. »Guuguck! Sind sie weg?« fragt der Knabe.

»Guuguck! Guuguck! Sie sind weg! Sie sind weg!« antwortet das Mädchen. Und wenn, so sagt man, ihre Eltern sich auf die Suche nach ihnen machen, dann ist der Jüngste Tag angebrochen.

Der Sesamdrusch

Ein Mann kam jeden Morgen und Abend, wenn er ins Kaffeehaus ging, am Häuschen einer Frau vorbei und machte ihr, wann immer er sie am Fenster sah, ein Zeichen. Die Frau erzählt das ihrem Mann.

»Mann!« sagt sie. »Da geht immer einer vorbei, der macht mir ein Zeichen. Was soll ich mit dem Kerl anfangen?«

»Ruf ihn ins Haus! Laß ihn zu dir herein!« meint ihr Mann. »Wünsch dir verschiedenes! Sag ihm, er soll Fleisch besorgen und auch was Süßes, und sag ihm, er soll morgen wiederkommen!«

Im unteren Stock des Hauses war der Stall. Daneben lag der Dreschplatz, wo das Pferd im Kreise ging, um den Sesam zu dreschen.

Der Mann – der Gatte der Frau – versteckt sich. Die Frau sagt zu dem anderen Mann: »Bring Fleisch und auch sonst noch was! Ich werde uns was Gutes kochen. Komm gegen Mittag! Dann können wir zwei miteinander essen.«

»Ha, gut! Abgemacht.«

Die Frau bereitet das Essen. Ihrem Mann läuft schon das Wasser im Mund zusammen. Gerade wie der andere Kerl bei der Tür hereinkommt, geht draußen ein Geschrei los.

»Mein Mann ist zurück. Schnell! Geh hinunter in den Stall! Spann das Pferd aus, leg dir selbst das Geschirr an und dreh dich zum Dreschen im Kreis!« sagt die Frau. »Wenn mein Mann kommt, sag ich ihm, unten drischt das Pferd den Sesam.«

»Hü-hott, mein Sohn! Hü-hott, mein Gaul!« schreit sie zu ihm hinunter.

Der geht im Kreis, dreht sich und dreht sich rundum, rundummadum, vor lauter Drehen kann er kaum mehr auf den Beinen stehen. Oben haben der Mann und die Frau sich das Essen schmecken lassen; bis auf den letzten Bissen putzen sie alles weg. Dann steigt der Mann in den Stall hinunter, grabscht den anderen in den Hintern, erledigt sein Geschäft und schmeißt ihn hinaus. Die Frau tritt ans Fenster: »Komm doch morgen wieder!« ruft sie ihm nach.

»Habt ihr noch mehr Sesam zu dreschen?« fragt der Mann.

Jäger Ahmet und der Fuchs

Als die Vergangenheit vergangen war
Das Kamel als Ausrufer verdungen war
Die Fliege als Barbier verpflichtet war
Ging es los mit Höllenlärm und Getöse
Wer fliehen konnte, entkam
Wer sich nicht retten konnte, war arm.

In alten, sehr alten Zeiten
Ihr wart ihr und wir waren wir
Zweiunddreißig Mädchen waren wir
Die Seuche kam, wir wurden zuschanden
Der Glaube kam, wir sind wiedererstanden
In alter, sehr alter Zeit

gab es einen Jäger namens Ahmet. Der war ledig und ging
tagtäglich auf die Jagd. Da es ihm beschwerlich wurde, immer zu Fuß unterwegs zu sein, beschloß er, ein Pferd zu
kaufen. Er suchte einen Viehhändler auf, der hatte in seinem Stall auch ein aufgeblasenes Pferd stehen, das Ventil
gut mit Wachs verschmiert. Just dieses gut gemästete Tier
sucht sich der Jäger Ahmet aus, besteigt es und reitet hinaus in den Wald. Wie nun die Sonne höher steigt, schmilzt
in der Hitze das Wachs, zischend entweicht die Luft, das
Pferd sackt zusammen und fällt zu Boden. Da es sich nicht
mehr von der Stelle rührt, beschließt Jäger Ahmet, erst
einmal jagen zu gehen und dann das Tier nach Hause zu
führen. In seiner Abwesenheit kommt ein Fuchs des Weges.
Der sieht das Pferd bewegungslos im Grase liegen, und
gerade, wie er überlegt, ob er es fressen soll, kehrt Jäger

Ahmet zurück und legt das Gewehr auf den Fuchs an. »Laß mein Pferd in Ruhe«, sagt er zu ihm. – In jenen Zeiten sprachen Menschen und Tiere noch die gleiche Sprache.

»Na, hör mal«, antwortet der Fuchs, »ich hab dein Pferd gehütet, hab es grasen lassen; und du willst mich dafür niederschießen?«

»Stimmt das, was du sagst?«

»Es ist die reine Wahrheit.«

»Wenn ich dir jeden Tag ein Rebhuhn bringe, hütest du mir dann mein Pferd?«

Das kam dem Fuchs sehr gelegen. So konnte er sich den ganzen Tag herumtreiben und am Abend ein Rebhuhn verspeisen. Seit altersher ist der Fuchs das schlaueste unter allen Tieren.

Am gleichen Abend schleicht sich ein Wolf heran und will das Pferd anfallen. »He!« ruft der Fuchs, »rühr das Tier nicht an! Sonst sag ich es dem Jäger Ahmet, und der schießt dich tot.«

Wie nun am folgenden Tag Jäger Ahmet nach seinem Pferd sieht, findet er auch einen Wolf vor, der will ebenfalls gegen ein Rebhuhn auf das Pferd aufpassen. In den nächsten Tagen kommt noch ein Bär dazu, ein Tiger, ein Löwe... und so fort, bis schließlich alle Geschöpfe der Welt hier vertreten sind. Da tritt der Fuchs vor sie hin und sagt: »Hier steht ein Felsen, ein hoher Felsen. Wer mit einem Satz hinaufspringen kann, soll unser aller Chef sein!«

Der Bär, der Wolf, der Tiger... alle versuchen es, aber keinem gelingt es. Der Fuchs hat hier schon früher das Springen als Sport betrieben; er ist es gewohnt. »Macht Platz!« ordnet er an. Dann tritt er ein paar Schritte zurück und – Hopp!, schon steht er auf dem höchsten Punkt des Felsens, wedelt mit dem Schwanz erst nach der einen, dann nach der anderen Seite, hoch oben auf dem Stein!

»Nun, meine Freunde«, ruft er, »bin ich jetzt euer Chef?«

Alle sind einverstanden. Der Fuchs steigt vom Felsen

herunter und sagt: »Hört zu, Freunde! Dieser Jäger, der Besitzer des Pferdes, das wir alle hüten, ist ledig. Wir wollen ihn verheiraten, und zwar mit der Tochter des Padischahs.«

»Wie sollen wir das angehen?«

Der Fuchs hat schon ein fertiges Programm: »Zwei Adler, die auf ihre Kraft vertrauen, mögen vortreten!« – Die Adler waren mächtige Vögel, die hoben Hasen oder auch Schakale in die Luft, ja sie konnten sogar einen zehnjährigen Buben, wie unseren Ferit, forttragen! – »Jetzt hört mir zu!« fuhr der Fuchs fort. »Die Prinzessin lustwandelt jeden Tag in ihrem Rosengarten. Ihr müßt sie von hoch oben beobachten, dann schießt ihr beide zu Boden, packt sie, versteckt sie unter euren Flügeln und bringt sie her! Verstanden?«

Jäger Ahmet hatte in der Zwischenzeit im Wald ein Schloß erbauen lassen. Die Adler holen also die Prinzessin aus dem Rosengarten, und es wird Hochzeit gefeiert.

Nun ruft der Fuchs alle Vögel zusammen: »Freunde«, sagt er, »unsere Arbeit ist noch nicht beendet. Der Padischah wird eine Gruppe Soldaten aussenden, um seine Tochter zurückzubekommen. Sobald die Soldaten anrücken, nehmt ihr schwere Steine in eure Krallen, mit denen bewerft ihr sie, bis sie tot sind. Sodann werden zwei weitere Gruppen gegen uns aufmarschieren, die müßt ihr mit noch schwereren Steinen erledigen. Bis schließlich der Padischah aufgeben wird, damit er außer seiner Tochter nicht auch noch alle seine Soldaten verliert.«

Die Vögel vernichten alle drei Soldatengruppen, und der Padischah ist voll Kummer und Sorge um seine Tochter.

Es gab da noch eine Hexe, die konnte zaubern. Sie trat vor den Padischah und sagte: »Mein Herrscher, ich bringe dir deine Tochter zurück von wo auch immer, und befinde sie sich auf dem Gipfel des Eybek.«

Der Padischah schenkte ihr zwei Handvoll Goldstücke:

»Wenn du meine Tochter wiederfindest, gebe ich dir einen ganzen Kanister voll.«

Die Alte holte ihren Tonkrug, hauchte ihn an, murmelte einen Spruch, und schon flog sie in ihm durch die Luft und landete – Hopp! – so wie heute ein Hubschrauber niedergeht – ganz in der Nähe von Jäger Ahmets Schloß. Niemand hat sie ankommen sehen.

Das Schloß wird auf der einen Seite von einem Löwen, auf der anderen von einem Tiger bewacht. »Mein mächtiger Löwe! Mein prächtiger Tiger!« wendet sie sich an die Tiere. »Ich bin von weither gekommen, um die junge Frau zu besuchen. Die langweilt sich ja zu Tode in diesem großen Schloß.« Sie wird eingelassen und sagt drinnen zu der Prinzessin: »Ich bin in meinem Tonkrug hergeflogen. Dein Vater ist in Angst und Sorge um dich. Komm gleich mit mir mit, aber mach du den Mund nicht auf!«

Beim Tor überredet sie wieder den Löwen und den Tiger: »Die junge Frau sitzt den ganzen Tag in ihrem Zimmer. Ganz blaß ist sie. Sie gehört ein wenig an die frische Luft.« Sie werden durchgelassen und machen einen Spaziergang in den Wald. Dort wartet der Krug, die Hexe haucht ihn an, murmelt ihren Spruch, und schon fliegen sie davon. Weh, o weh! Die Braut ist fort!

Der Fuchs verprügelt den Löwen und den Tiger, er schlägt sie krumm und lahm, weil sie die Alte nicht festgehalten haben. Wieder muß der Fuchs ein Programm aufstellen, das Recht zu denken, wird ihm zuerkannt.

»Nun, meine Freunde«, sagt er nach reiflichem Überlegen, »ein Löwe und ein Tiger, die auf ihre Kraft vertrauen, mögen vortreten! Ich werde mich mit ihnen in den Rosengarten begeben. Dort befinden sich ein goldenes Joch, ein goldener Pflug und ein goldener Ochsenstachel. Nun spanne ich den Tiger und den Löwen ins goldene Joch, aber in entgegengesetzter Richtung. Das bietet ein so spaßiges Schauspiel, daß die Leute in Scharen herbeiströmen werden, um sich das anzusehen. Auch die Prinzessin wird den Lärm hören. Neugierig streckt sie den Kopf zum Fenster heraus. Und in diesem Augenblick müßt ihr Adler aus der Luft niederschießen, sie packen und in des Jägers Ahmet Schloß bringen! Verstanden?«

Der Plan wird erfolgreich ausgeführt.

Wieder ist der Padischah in Kummer und Sorge um seine Tochter.

Wieder tritt die Hexe vor ihn, fordert eine Belohnung, fliegt bis vor des Jägers Schloß, sagt zum Löwen und zum Tiger, sie wolle nur die junge Frau ein wenig aufheitern . . .

Da stürzen sich der Löwe und der Tiger auf die Hexe und verschlingen sie mit Haut und Haar. Ein Tropfen Blut lag noch auf dem Boden, den schleckte der Tiger weg. Die Alte war erledigt.

Nun war also der Jäger Ahmet endgültig verheiratet, diese Sache war in Ordnung gebracht.

»Meine Freunde«, sagte der Fuchs zu den Tieren, »ihr seid nun frei, jeder kann hingehen, wohin er will.«

So blieb nur der Fuchs zurück. Jäger Ahmet ging wieder tagtäglich auf die Jagd und brachte dem Fuchs sein Rebhuhn. Aber der Fuchs möchte nun wissen, ob er wirklich geschätzt wird. Deshalb spielt er den Kranken: »Ich kann unmöglich was essen. Ich habe entsetzliche Bauchschmerzen«, sagt er zu der Prinzessin. Die ist ganz besorgt, kocht ihm gleich eine warme Suppe, aber der Fuchs nimmt überhaupt nichts zu sich. Am Abend kommt Jäger Ahmet nach Hause, da lauscht der Fuchs an der Tür. »Jetzt wird sich's zeigen, was ich ihm wert bin«, denkt er. Schlau ist er, der Fuchs!

Er hört die junge Frau weinen und jammern. »Was ist denn los?« fragt sie der Jäger.

»Ach, unser Fuchs ist schwer krank. Ich kann ihm hinstellen, was auch immer, er rührt das Essen nicht an.«

»Und darüber regst du dich so auf? Das geht uns doch einen Dreck an!«

Wie der Fuchs das hört, ist er tief gekränkt: »Es liegt ihnen nichts an mir!«

Am nächsten Tag macht er sich in aller Frühe auf den Weg.

»Wohin so zeitig, Fuchs?«

»Ich muß jetzt gehen.«

»So bleib doch!«

»Nein, ich gehe.«

Und damit war er fort. Vom Himmel sind drei Äpfel gefallen. Einer ist für die Prinzessin, einer für dich und einer für mich.

Nachwort

Es war einmal, es war keinmal… Der Märchenerzähler stellt es seinen Zuhörern frei, an die Wirklichkeit des nun folgenden Geschehens zu glauben oder nicht. Und dann wirft er ihm gleich eine verkehrte, lustige Welt an den Kopf: eine Nonsens-Geschichte, ein Lügen-, ein Kettenmärchen. Damit will er Interesse erregen, einführen in eine Welt der Wunder. Mit dem anschließenden Hauptmärchen besteht kein Zusammenhang. Ist der Erzähler ein Meister seines Fachs, so kann er diese Vormärchen variieren, sie zu beträchtlicher Länge ausdehnen und sie mit einander überpurzelnden Wort- und Buchstabenspielen ausschmücken, die ihm nur so über die Zunge rollen. Denn *Tekerleme*, die türkische Bezeichnung für diese Eingangsformeln und Einleitungsmärchen, ist abgeleitet von dem Verbum *tekerlemek*, »rollen, wälzen, drehen«.

Das *Tekerleme* hat eine sehr alte Vergangenheit. Es ist möglich, daß manche noch aus Zentralasien, der Urheimat der Turkvölker, stammen und Reste alter Mythen und schamanistischer Gebete enthalten. Ab dem 13. Jahrhundert finden wir sie auch schriftlich niedergelegt. Große anatolische Mystiker, wie Yunus Emre, Kaygusuz Abdal, haben in ihren Werken diese *Kindermärchen* symbolhaft eingesetzt und sie manchmal auch dazu verwendet, ihre Angriffe gegen die Orthodoxie zu verschleiern.

Hinter dem Vorhang der Lüge die Wahrheit erkennen, die Welt auf den Kopf stellen, um besseren Einblick in sie zu gewinnen; Parodien, Traumgesichte, Unterbewußtes, Übernatürliches; das Spiel mit Worten, das oft ins Absurde überschlägt und zu einem Spiel mit der Wirklichkeit wird im Versuch, diese auf einer anderen Ebene in den Griff zu bekommen – ist es nicht das, was auch die Künstler unseres Jahrhunderts bezwecken?

Hier, beim Märchen, dient das *Tekerleme* der Belustigung, es ist ein Spaß, wird auch oft als Lüge apostrophiert. Das Scherzhafte, Unvernünftige soll zum Lachen reizen, soll helfen, die oft harten Gegebenheiten lachend, ohne Wehleidigkeit, zu bewältigen.

Lügenmärchen gibt es natürlich auch in anderen Ländern, aber dort stehen sie isoliert. Beim türkischen Märchen sind sie zu Eingangsformeln geworden, die zusammen mit Übergangs- und Schlußformeln einen symmetrischen Aufbau gewährleisten. Öfters auch in Reimen oder in Reimprosa – da häufig mit unreinen Reimen – rhythmisch und melodisch vorgetragen, geben diese Formeln Halt im Fluß der Erzählung und vermitteln Wohlklang, den ja auch die türkische Sprache selbst mit dem ihr innewohnenden Gesetz der Vokalharmonie verbreitet.

Die Art, wie ein Thema angefaßt, dargeboten und ausgeschmückt wird, das erst macht das nationale Wesen eines Märchens aus. Denn die Märchenstoffe der einzelnen Länder, zumindest im nahöstlich-abendländischen Kulturbereich, weisen enge Beziehungen zueinander auf. Zweifelsohne fiel den Türken eine Mittlerrolle zu; sie nahmen aus Asien und gaben weiter nach Europa. Auf dem seit Jahrtausenden von den verschiedensten Völkern bewohnten Boden Kleinasiens mußte es zu einem Synkretismus kommen. Mündliche Überlieferung aus Zentralasien und den dortigen Nachbarländern vermischte sich mit altanatolischen Vorstellungen, wurde angereichert mit indischen, persischen und arabischen Erzählstoffen. Letztere drangen meist schon in schriftlicher Form ein. So finden wir denn auch viel gesunkenes Literaturgut aus Büchern wie dem *Pantschatantra*, dem *Tutiname* (Papageienbuch) und den Erzählungen aus den tausendundein Nächten.

Was diente den Menschen in den Städten und Dörfern der Türkei als Zeitvertreib, bevor sie mit den modernen Kommunikationsmedien beglückt wurden? Da gab es das Schattenspiel *Karagöz*, das *Spiel in der Mitte* (Orta Oyunu), den imitierenden und parodierenden Geschichtenerzähler (Meddah) und dazu all die aus mehr oder minder berufenem Mund vorgetragenen Sagen, Legenden, Epen (am bekanntesten das Köroglu-Epos), Volkserzählungen (wie die Erzählungen des Dede Korkut), Schwänke (ich erinnere an Nasreddin Hodscha) und eben Märchen.

In diesem Band werden nur Märchen vorgestellt. Das Märchen weist eine primitive Psychologie auf. Gut und Böse, meist gleichgesetzt mit Schön und Häßlich, sind klar voneinander getrennt. Vor allem aber ist das Märchen optimistisch. Alles führt zu einem guten und – was wichtig ist – gerechten Ende. Ausdauer, Geduld und Fleiß finden ihre Belohnung. Das arme Mädchen heiratet den reichen Prinzen, wenn sie ihr Köpfchen einsetzt und Initiative entwickelt, wie in unserem Märchen von der Basilienkräutlerin. Auch Ergebenheit ins Schicksal ist eine Tugend, aber nur dann, wenn das, was »Gott einem auf die Stirne geschrieben hat«, unter keinen Umständen zu ändern ist, wo also Aufbegehren nichts nützt (das Märchen vom Geduldstein). Sonst heißt es, sich durchzukämpfen, wie es der *Keloglan* macht, ein sehr beliebter Typ des türkischen Märchens. Der junge Kahlkopf, meist Sohn einer armen Witwe, frech und gerissen, auch nicht sehr arbeitsam, aber mit einer gehörigen Portion Schlauheit und Zähigkeit begabt, siegt nicht selten über Sultane und Wesire. Der zweite männliche Typ, doch nicht so häufig anzutreffen, ist der *Köse*, der Bartlose. Er ist hinterhältig, will seinen Mitmenschen Schaden antun. Aber nie wird das Böse im türkischen Märchen in den Vordergrund gerückt, selbst der Köse wird eher lächerlich gemacht, Bestrafungen werden nur kurz geschildert, das Gute, Frohe und Heitere steht mit der beruhigenden Aussicht, daß derjenige, der durchhält, auch »ans Ziel seiner Wünsche gelangt«, an erster Stelle. Die Hoffnung, durch Heirat in eine höhere Gesellschaftsschicht aufzusteigen oder sich aus ärmlichen Verhältnissen zu höchsten Ämtern emporzuarbeiten, war nicht nur Ausdruck unerfüllbarer Träume. Denn im Unterschied zur mittelalterlichen Gesellschaftsordnung Europas gab es im Osmanischen Reich keine festgefügten Klassen oder unerreichbare Privilegien einer Blutsaristokratie.

Auffallend ist, wie positiv die Frau im türkischen Märchen gezeichnet wird. Oft ist sie es, die die Führung übernimmt. Es kann vorkommen, daß sie dem Mann eine Lehre erteilt, wie in dem Märchen von Prinzessin Markweißchen. Auch das ist so irreal nicht. Denn anders als vielfach angenommen, hatte die Frau in der ursprünglich nomadischen Gesellschaftsordnung ein gewichtigtes Wort zu reden und hat es, wenn man von den unter starkem arabischen Einfluß stehenden Gebieten im Süden des Landes absieht, auch heute noch.

Mit der Aufzeichnung von Volksmärchen wurde in der Türkei erst in den dreißiger Jahren unseres Jahrhunderts begonnen. Zwar hatte der ungarische Orientalist I. Kúnos schon im Jahr 1887 eine Sammlung von Märchen des türkischen Volkes vorgelegt, aber er war damit auf wenig Verständnis bei den intellektuellen Kreisen jener Zeit gestoßen. Inzwischen hat sich das geändert. Jetzt wird eine wissenschaftlich fundierte Märchenforschung vor allem von den Universitäten Ankara und Erzurum aus betrieben. Leider läßt sich nicht sagen, daß alle Gebiete der Türkei systematisch erforscht würden. In vielen Teilen ist's wohl auch schon zu spät dazu!

Ein grundlegendes Werk verdanken wir Pertev Naili Boratav, das er gemeinsam mit Wolfram Eberhard herausgab: *Typen türkischer Volksmärchen*, Wiesbaden 1953. Hier werden auch die Querverbindungen zu dem internationalen Typenverzeichnis von Aarne-Thompson hergestellt.

Die Tradition des Märchenerzählens ist in Gebieten, die ein wenig abseits liegen, auch in unseren Tagen lebendig. Märchen werden zu gleichen Teilen von Männern und Frauen erzählt. Frauen bevorzugen übernatürliche Märchenwesen und romantische Liebesabenteuer, Männer dagegen erzählen es gern derber und greller, mischen häufig auch Spott und Satire hinein.

Inwieweit wird an den Wahrheitsgehalt der Märchen geglaubt? Darauf möchte ich mit einem Zitat aus Umay Günays Doktorarbeit antworten: »Wenn wir die Märchen auf Tonband aufnahmen, versammelten sich in den Häusern immer ziemlich viele Leute. Bei diesen Zusammenkünften standen Erzähler und Zuhörer ganz im Banne der Märchenerzählung. Sehr oft kam es vor, daß Erzähler und Zuhörer sich von ihren Gefühlen hinreißen ließen, so daß sie lautstark ihrer Trauer Ausdruck gaben, wenn dem Märchenhelden ein Unglück widerfuhr, und ebenso offen ihre Freude zeigten, wenn er erfolgreich war. Die Märchenerzähler hielten es für angebracht, wiederholt darauf hinzuweisen, daß die Märchen auf Geschehnissen beruhten, die in alter Zeit tatsächlich stattgefunden hätten.«

Günay machte diese Beobachtung im Jahre 1973 im südöstlichen Anatolien. Auch im Jahr 1981 ist in einem Gebirgsdorf im Nordwesten der Türkei »Onkel« Rasim, der sehr gerne Märchen erzählt – in diesen Band wurden ›Die drei Töchter‹ aufgenommen – überzeugt, daß »darin schon eine Wahrheit steckt«. Und auch seine Frau glaubt daran, daß es in uralter Zeit Geister und Feen gab, die sich manchmal in Menschen verwandelten; Mohren von so gewaltiger Größe, daß sie mit der Unterlippe die Erde kehrten und mit der Oberlippe an den Himmel streiften; Riesenungeheuer, denen Menschenfleisch sehr gut schmeckte, die aber auch, gleich den Mohren, den Menschen bei der Lösung schwierigster Aufgaben behilflich sein konnten...

Nachwort zur erweiterten Neuausgabe

Soweit das Nachwort zur ersten, 1982 erschienenen Ausgabe dieses Märchenbandes. Nun werden fünfzehn Jahre danach in die erweiterte Neuauflage Märchen aufgenommen, die ich zusammen mit meiner Tochter Schirin Uzunoglu, der ich für ihre wertvolle Hilfe meinen Dank aussprechen möchte, im Frühling und Sommer 1996 in mehreren turkmenischen Gebirgsdörfern der nordwestlichen Türkei auf Tonband aufgezeichnet habe. Es bedarf also einiger ergänzender Erläuterungen, die, wenngleich sie sich nur auf einen Teil der Bevölkerung der Türkei beziehen, uns doch nicht von unserem ursprünglichen Thema abbringen sollen. Denn diese über ganz Anatolien und Rumelien verbreiteten Anhänger eines heterodoxen Islams, von denen nun kurz die Rede sein soll, haben der gesamten türkischen Volksliteratur ihren Stempel aufgedrückt.

Auch die »Turkmenen« innerhalb der Türkei sind zu dieser Gruppe zu zählen. Unsere Märchenerzähler behaupten stolz von sich: »Die echten Türken sind wir.« Von ihren Vorfahren wissen wir, daß sie Nomaden waren, die im 13. Jahrhundert auf der Flucht vor den Mongolen ihre Weideplätze im Norden des Kaspischen Meeres verließen und über das heutige Persien nach Kleinasien kamen. In mittelalterlichen Quellen werden diese Stämme der Oghusen, die den Islam noch nicht oder erst neu angenommen haben, als Turkmenen bezeichnet. Sie wurden von verschiedenen Machthabern stets in Kampfhandlungen verwickelt. Ihre roten Kopfbedeckungen, die der Legende nach auf Ali, den Schwiegersohn und Nachfolger Mohammeds, zurückgehen, trugen ihnen die Bezeichnung »Kizilbasch« (Rotmützen) ein. Mehrere Stämme zogen in das waldreiche Taurusgebirge im Süden des anatolischen Hochlandes, wo sie sich als Holzfäller einen Namen machten (»Tahtaci Türkmenler«). Die Überlieferung berichtet, daß im 15. Jahrhundert Mehmet II., der Eroberer, sie aufforderte, in das Ida-Gebirge zu ziehen und ihm Holz für den Bau seiner Schiffe zu schlagen. Diejenigen, die seinem Ruf folgten, nannten die Berge ihrer neuen Heimat, von denen aus einst Zeus den Krieg um Troja beobachtet hatte, »Kaz Dagi«, was Gansberg heißt; das Gänsefuß-Symbol hatten sie aus Mittelasien, wo es den Schamanen heilig war, mitgebracht. Sie lebten weiterhin in ihren Zelten und wurden erst um die Mitte des 19. Jahrhunderts durch einen Erlaß der Osmanischen Regierung in Dörfern am Rande des Gebirges seßhaft gemacht.

Diese Turkmenen unterscheiden sich auch heute von den Bewohnern der türkischen Nachbardörfer durch die Kleidung der Frauen – die bunte Tracht wird nie vom schwarzen Überwurf verhüllt, das Gesicht ist unverschleiert – und durch die Sprache, einen dem mittelalterlichem Türkisch nahestehenden Dialekt. Unterschiedlich ist aber vor allem ihre Lebensform, denn sie sind, so sagen sie selbst, »Kizilbasch«, beziehungsweise »Alewiten«, wie die Bezeichnung heute häufiger lautet, da das Wort »Kizilbasch« in zunehmendem Maß pejorativ verwendet wurde.

Das Thema »Alewiten« war noch bis vor einigen Jahren in der Türkei tabu. Ihr synkretistischer Glaube, ein auf der türkisch-anatolischen Volksfrömmigkeit beruhender Islam, unterscheidet sich grundlegend von der arabischen Auslegung des Islams. Es ist viel zuwenig bekannt, daß ein Drittel der Bevölkerung der Türkei, also an die zwanzig Millionen Menschen, dieser Glaubens- und Lebensform verhaftet ist, zu der sie sich aber Jahrhunderte hindurch nicht zu bekennen wagte. Hier muß auch auf die unglaublich anmutende Tatsache hingewiesen werden, daß die sunnitische Stadtbevölkerung einschließlich der intellektuellen Oberschicht von den alewitischen Bürgern im eigenen Land so gut wie keine Kenntnis hat. Offiziell gab es keinen »anderen Islam«, weil es keinen geben durfte! Die Alewiten hielten ihre Zusammenkünfte, zu denen sich Männer und Frauen gemeinsam einfanden, heimlich des Nachts ab und wurden deshalb der Orgien und des Inzests bezichtigt. Solche in Umlauf gesetzte abstruse Gerüchte waren so ziemlich das einzige, was man mit den »Rotmützen« in Verbindung brachte.

Die Kizilbasch-Turkmenen haben viel von dem schamanistischen Glauben ihrer mittelasiatischen Ahnen bewahrt. Die Natur war für sie beseelt, als Nomaden sahen sie im Wechsel der Jahreszeiten ein Symbol für Werden und Vergehen, für einen ewigen Kreislauf, der auch Wiedergeburt und Seelenwanderung einschließt. Die Berührung mit dem nestorianischen Christentum, dem Judentum, Manichäismus und Buddhismus hinterließ ebenfalls tiefe Spuren. Auf ihrer Wanderung durch Persien übernahmen die Turkmenen schließlich die alidisch-schiitische Konfession des Islams. Ali, der Nachfolger des Propheten, wurde gleichgesetzt mit dem alttürkischen Himmelsgott, dem »göktengri«, und genoß höchste Verehrung, daher die Bezeichnung »Alewiten«. Hier muß jedoch betont werden, daß die türkischen Alewiten mit den schiitischen Persern außer ihrer Verehrung für Ali nichts gemein haben. Der Islam der Turkmenen war nicht viel mehr als ein Firnis über einem bunten Glaubensmosaik, der auch Schutz vor Verfolgung bieten sollte.

Die Alewiten sind Nonkonformisten. Im Unterschied zum orthodoxen sunnitischen Islam gibt es bei ihnen keine Moschee und keine täglich fünfmal zu verrichtenden Gebete, kein Fasten im Monat Ramadan und keine Pilgerfahrt nach Mekka. Es gibt keine Polygamie; der Frau wird Achtung entgegengebracht, sie ist vollkommen gleichberechtigt und nimmt an religiösen und weltlichen Zusammenkünften teil. Die Hauptregel, nach der sich das Leben der Gemeinschaft richtet, heißt: Sei Herr über deine Hand, deine Zunge und deinen Gürtel! In regelmäßig abgehaltenen Versammlungen (»cem«), an denen die ganze Gemeinde teilnimmt, werden unter dem Vorsitz eines »dede« Fragen des sozialen Zusammenlebens erörtert und Rechtssprüche gefällt. Ebendort werden die religiösen Zeremonien abgehalten, bei denen in Begleitung des »saz«, eines gezupften Saiteninstruments, geistliche Lieder (»nefes«) gesungen und von Frauen und Männern gemeinsam Reigentänze (»semah«) ausgeführt werden.

Die nach Kleinasien vorgedrungenen türkischen Stämme waren gemessen an ihrer Zahl nicht in der Übermacht. Sie vermischten sich naturgemäß mit der einheimischen Bevölkerung, wobei es wieder zur Übernahme antiken, hellenistischen und byzantinischen Gedankengutes kam. So erwuchs schließlich aus einer Verschmelzung verschiedenster Kulturen eine Religionsphilosophie, die die geistige Grundlage der Lebensform der Alewiten bildet. Sie stellt den Menschen als Verkörperung Gottes in den Mittelpunkt und sieht in pantheistischer Denkart überall in der Natur das Göttliche. »Die Schöpfung lieben des Schöpfers wegen«, sagt Yunus Emre. Gottesliebe wird als Liebe zum Menschen gedeutet und fordert tätiges Eintreten für den Mitmenschen. Ausgedrückt werden diese zutiefst humanistischen Gedanken in den Werken eines Yunus Emre, Hadschi Bektasch Veli und Pir Sultan Abdal, um nur ein paar Namen zu nennen. Deren Verse, die im Unterschied zu der in einer arabisch-persisch-türkischen Kunstsprache verfaßten osmanischen Hofdichtung in einfachem, vom Volk gesprochenem Türkisch gehalten sind, haben auch in siebenhundert Jahren nichts an Lebendigkeit eingebüßt.

Sie werden noch heute gesungen und rezitiert, ebenso wie die zum »saz« vorgetragenen Lieder der großen Volksdichter Karacaoglan und Dadaloglu, die aus Turkmenen-Dörfern des Taurus stammen, aber in der ganzen Türkei gleichermaßen beliebt sind. Es ist denn auch praktisch unmöglich, zwischen alewitischer und sunnitischer Volksdichtung einen klaren Trennungsstrich zu ziehen, denn bis ins 16. Jahrhundert war wahrscheinlich der Großteil der anatolischen Türken »alewitisch«, schließlich wurde ihre Frömmigkeit aus denselben Quellen gespeist. Erst nachdem Selim I., der Grausame, den von den Kizilbasch-Turkmenen unterstützten persischen Safawiden-Fürsten Schah Ismail – der wiederum unter dem Dichternamen Hatayi türkische Verse schrieb – nach erbittertem Kampf besiegt und anschließend auf seinem Ägyptenfeldzug den Kalifen-Titel übernommen hatte, war der Sieg der hanefitisch-sunnitischen Rechtgläubigkeit herbeigeführt worden. Um der blutigen Verfolgung zu entkommen, gab es zwei Mittel. Einerseits Tarnung durch scheinbare Assimilierung und Verschlüsselung der Geheimlehre. Letzteres konnte dann wohl auch manchmal, worauf wir schon bei den »tekerleme«, den Einleitungsmärchen, hingewiesen haben, zu einer Sinnentlehrung führen, so daß nur mehr scheinbar bedeutungslose Wortspiele bestehen blieben. Eine andere Möglichkeit war der Rückzug in unzugängliche Gebirgsregionen. »Den Ferman erläßt der Sultan, die Berge gehören uns«, sagt Dadaloglu.

Und die Berge gehören auch unseren Märchenerzählern, zu denen wir nun wieder zurückkehren wollen. Wie ihre Vorfahren verbrachten sie den Großteil ihres Lebens als Hirten und Holzfäller mit ihren Familien in der Einsamkeit des Ida-Gebirges. Womit als mit Märchen hätten sie sich die Zeit vertreiben sollen? Oben in den dichten Wäldern mit dem würzigen Duft von Salbei und Thymian und dem harzigen Geruch der Pinien und Tannen; Tannen, die hier erst über tausend Meter Höhe in der freien Natur wachsen und die den Turkmenen heilig sind. In ihre Dörfer, in denen sie den Winter verbrachten, führten noch bis vor dreißig Jahren keine ausgebauten Straßen, auch Schulen gab es dort vor dieser Zeit nicht. Unsere Erzähler sind alle des Lesens und Schreibens unkundig, sie haben die Märchen von ihren Altvordern gehört. Männer und Frauen erzählen die gleichen Märchen. Die Themen sind im großen und ganzen nicht sehr verschieden von den überall in Anatolien erzählten. Auch hier bemerkt man, daß das türkische Märchen nicht vom Islam berührt ist; allenfalls wird in Schwänken die islamische Geistlichkeit verspottet.

Für diesen Band wählte ich Märchen aus, die ich in dieser Form in anderen Sammlungen nicht angetroffen habe. Auch einige direkte Bezüge auf Land und Leute lassen sich darin finden. Wenn Väterchen Wesir sich im Fell des Widders versteckt, wem fiele da nicht, so nahe bei Troja, die Odyssee ein? Und wer dächte bei der Folterung der Kinder durch die Soldaten nicht an die grausamen Verfolgungen, denen die Alewiten ausgesetzt waren? Da fehlt dann auch das »gute Ende«, das wir im türkischen Märchen zu finden gewohnt sind. Doch sind die lustigen Märchen in der Überzahl! Die Turkmenen lieben Schwänke, weil sie gerne lachen. Und im letzten Märchen tritt der Fuchs vor uns hin. Es geht ihm um das Recht zu denken, es geht ihm um die verletzte Würde. Er könnte es sich bei Speis und Trank wohl ergehen lassen, das Rebhuhn auf Lebenszeit ist ihm sicher. Aber sobald er merkt, daß ihm keine Wertschätzung entgegengebracht wird, zieht er es vor, zu gehen. Hinauf in die Berge.

Edremit, im November 1997

Adelheid Uzunoglu-Ocherbauer

Quellennachweis

꙳꙳꙳꙳꙳꙳꙳꙳꙳꙳

Der in Klammern angegebene Quellennachweis bezieht sich auf das jeweilige »Tekerleme« (Vormärchen).

Das Zitronenmädchen: Tzel II, S. 131–145. (S. 156.)
Die Basilienkräutlerin: Zaman, S. 101–106. (S. 51.)
Der Geduldstein: Zaman, S. 163–166. (S. 60–61.)
Prinz Hüsnü Jussuf: Zaman, S. 141–147. (S. 63.)
Die Feenmaid: Tezel I, S. 30–39. (S. 257.)
Prinzessin Markweißchen: Az gittik, S. 228–240. (S. 1–72.)
Der Apfelbaum: Elazig, S. 501–508. (Az gitiik, S. 194.)
Die Prinzessin, die kein Geheimnis für sich behalten konnte: Gümüşhane, S. 348–405 (Zaman, S. 53).
Kitt: Gümüşhane, S. 441–443.
Köses Hase: Az gittik, S. 306–309.
Der Mann, der sich vor den Sternen fürchtete: Elazig, S. 377–378.
Der Hellseher: Gümüşhane, S. 636–641.
Die drei Töchter: aufgezeichnet im August 1981 im Dorf Haydaroba (Wilajet Çanakkale) von der Herausgeberin. Erzähler: Rasim Erdem, 57 Jahre alt.
Die Laus und der Floh: Gümüşhane, S. 343–344.
Die Schnecke: Yürükler, S. 64–66.
Hund, Fuchs und Kamel: Yürükler, S. 68.
Als die Tiere des Waldes die Katze zum Essen einluden: Yürükler, S. 67–69.
Der Fuchs, der Krebs und die Schildkröte: Yürükler, S. 62–63.
Der Löwe wandert aus: Yürükler, S. 91.

Die Wunde, die die Zunge schlägt: Yürükler, S. 67.
Der Rabe, der sich einen Dorn in den Fuß eintrat: Az gittik, S. 25–28.

Die folgenden Märchen sind alle von der Herausgeberin im Frühling und Sommer 1996 in der nordwestlichen Türkei im Wilajet Çanakkale aufgezeichnet worden.

Väterchen Wesir: Erzählerin: Fatma Biçer, 56 Jahre alt, im Dorf Haci Aslanlar

Die schwarze Schlange: Erzählerin: Elif Biçer, 70 Jahre alt, im Dorf Haci Aslanlar

Frau Tantanga: Erzählerin: Elif Biçer, 70 Jahre alt, im Dorf Haci Aslanlar

Der Sesamdrusch: Erzählerin: Bahar Duman, 55 Jahre alt, im Dorf Haci Aslanlar

Jäger Ahmet und der Fuchs: Erzähler: Ali Aydin (Toz Ali), 66 Jahre alt, im Dorf Çamçi

Anmerkungen zu den Quellen

※✕※✕※✕※✕※✕※

P. N. Boratav, Begründer des Faches Volksliteratur an der Universität Ankara, hat selbst und mit Hilfe seiner Studenten reiches Material gesammelt und verarbeitet. Die von mir aus beiden Büchern ausgewählten Märchen wurden innerhalb der Jahre 1939–47 nach mündlich von Frauen aus Istanbul vorgetragenen Erzählungen notiert, nur das Märchen *Der Geduldstein* ist von einer Frau aus Erzurum (Osttürkei), *Köses Hase* von einem Mann aus Kastamonu (Nordtürkei) erzählt.

Y. Z. Demircioglu zeichnete diese *Geschichten und Märchen bei Nomaden und Bauern* im Jahre 1933 im Westen und Südwesten der Türkei auf. Hier handelt es sich um echtes Volksgut aus dem Munde einfacher Bauern.

U. Günay hat in dieser Doktorarbeit 70 Märchen aus der südöstlichen Türkei aufgezeichnet und analysiert. Von zwanzig Erzählern sind die Hälfte Frauen. Die ausgewählten Märchen wurden von Männern vorgetragen.

S. Sakaoglu trug aus Dörfern und Kleinstädten der nordwestlichen Türkei reiches Material zusammen. In dieser Doktorarbeit finden wir die Aufzeichnung und Analyse von 70 Texten. Auch hier halten sich Frauen und Männer der verschiedensten Altersstufen die Waage. Es ist reiner Zufall, daß die Märchen, die ich aus diesem Buch auswählte, ebenfalls alle von Männern erzählt sind.

N. Tezel sammelte Märchen vornehmlich in Istanbul und Ankara in der Zeit zwischen 1933 und 1958. Er hat sie ohne nähere Angaben über Ort und Erzähler mit eigenen Worten im Stil eines Märchenonkels nacherzählt.

Bibliographie

❧❦❧❦❧❦❧❦❧❦

...mit den im Quellennachweis verwendeten Abkürzungen

Zaman	Boratav, Pertev Naili: *Zaman Zaman içinde*. Istanbul 1958.
Az gittik	Boratav, Pertev Naili: *Az gittik uz gittik*. Ankara 1969.
Yürükler	Demircioglu, Yusuf Ziya: *Yürüklerde ve Köylülerde hikayeler, masallar*. Istanbul 1934.
Elazig	Günay, Umay: *Elazig masallari. Inceleme*. (Doktora tezi) Atatürk Üniversitesi Yayinlari No. 350. Erzurum 1975.
Gümüşhane	Sakaoglu, Saim: *Gümüşhane masallari. Metin toplama ve tahil*. Atatürk Üniversitesi Yayinlari No. 298. Ankara 1973.
Tezel I, II	Tezel, Naki: *Türk masallari I, II*. T. C. Kültür Bakanligi Türk kültürü Kaynak eserleri dizisi. Istanbul 1971.

Die Türkei erzählt

17 Erzählungen

Ausgewählt und mit einer Nachbemerkung
von Jutta Freund

Band 9576

Siebzehn Erzählungen aus sechzig Jahren türkischer Prosa: ein
literarischer Bilderbogen von jenem Land, das uns so fern ist
und in vielerlei Hinsicht doch eng verbunden, historisch, poli-
tisch, wirtschaftlich. Sie berichten von Städten, in denen sich
Orient und Okzident, westliche Welt und uralte Kultur auf ei-
genwillige Weise vermischen wie nirgends sonst, erzählen von
den tiefverwurzelten Traditionen, von den Unvereinbarkeiten
zwischen Alt und Neu, sie schreiben von den politischen Verhältnissen in ihrer Heimat zwischen Anarchie und Diktatur und
von der Heimatlosigkeit in der Emigration. In einer poetischen
Sprache bringen die Texte uns die Geheimnisse dieses Landes
näher und seine Stimmung zwischen optimistischer Lethargie
und melancholischer Gelassenheit.

Es erzählen:

Halikarnas Balıkçisi, Sabahattin Ali, Sait Faik,
Orhan Kemal, Tahsin Yücel, Haldun Taner, Yaşar Kemal,
Tarik Bugra, Mustafa Necati Sepetçioglu, Aziz Nesin,
Füruzan, Nedim Gürsel, Pinar Kür, Aras Ören, Aysel Özakin,
Murathan Mungan und Demir Özlü.

Fischer Taschenbuch Verlag

fi 428 / 4